MEMORIAS Y SENTIMIENTOS
PERTURBADORES

LUCIANO R. CORDERO

Reservados todos los derechos. No se permite la reproducción total o parcial de esta obra, ni su incorporación a un sistema informático, ni su transmisión en cualquier forma o por cualquier medio (electrónico, mecánico, fotocopia, grabación u otros) sin autorización previa y por escrito de los titulares del copyright. La infracción de dichos derechos puede constituir un delito contra la propiedad intelectual.

El contenido de esta obra es responsabilidad del autor y no refleja necesariamente las opiniones de la casa editora. Todos los textos fueron proporcionados por el autor, quien es el único responsable sobre los derechos de reproducción de los mismos.

Publicado por Ibukku
www.ibukku.com
Diseño y maquetación: Índigo Estudio Gráfico
Diseño de portada: Ronnie F. Guzmán
Copyright © 2020 Luciano R. Cordero
ISBN Paperback: 978-1-64086-737-6
ISBN eBook: 978-1-64086-738-3

Tabla de Contenido

DEDICATORIAS Y AGRADECIMIENTOS	7
PREFACIO	9
INTRODUCCIÓN	13
OCULTISMO. PRIMERA GENERACIÓN	17
OCULTISMO. SEGUNDA GENERACIÓN	23
OCULTISMO. TERCERA GENERACIÓN	45
EL CALVARIO DE MI PADRE	59
ENCUENTRO TERRORÍFICO EN UN CAMPO OSCURO	67
OCULTISMO, OTRAS PERSONAS	71
EL LUCERO DE LA FAMILIA	77
EFECTOS DEL OCULTISMO Y SUPERACIÓN PERSONAL (El Autor)	81
CONCLUSIÓN	89
COMENTARIOS PERSONALES DEL AUTOR SOBRE EL LIBRO	91
GLOSARIO	95

Luciano R. Cordero

Nació en La Romana, República Dominicana el 13 de diciembre de 1952. Estudios primarios en La Romana, República Dominicana. Desde muy joven, a la edad de 20 años, emigró a Puerto Rico, donde vivió por casi un año, antes de trasladarse a los Estados Unidos de América, donde ha estado residiendo por los últimos 47 años. Inició sus estudios secundarios en La Romana, Republica Dominicana, pero los terminó en Manhattan, New York, donde obtuvo el diploma de *Studios Secondarios G.E.D*. Estudios universitarios: Graduado en Artes Liberales en el colegio Eugenio María De Hostos, Bronx, New York, en el año 1979. Graduado con una Licenciatura en Sociología y Trabajo Sociales en Herbert H. Lehman College, Bronx, New York, en el año 1985.

Desde el año 1979 hasta el año 2016, Luciano R. Cordero ha desarrollado una amplia y exitosa carrera profesional: Trabajador social y consejero para la Ciudad de Nueva York, División de Servicios Sociales; ayudas económicas y cupones de alimentos para las familias *Welfare*. Trabajador Social y Coordinador de Servicios de Viviendas. *Housing Preservation & Development (H.P. D)*, en el Bronx, Nueva York. Trabajador Social y Coordinador de Servicios de Guarderías para Niños,

4-C en Orlando, FL. Trabajador Social y Coordinador de Servicios Sociales Para Las Familias, en el condado Orange, Orlando, FL. Trabajador Social y Coordinador de Servicios Médicos y Sociales con Shepherd's Hope, Inc. en el condado de Orange, FL. Trabajador Social y Coordinador de servicios de viviendas con el condado de Osceola, FL. Trabajador Social y Coordinador de Cuidado de Ancianos con American Eldercare en el condado de Orange, FL. Trabajador Social y Coordinador de Asistencias de Viviendas y de Ayuda Económicas para las Familias "Section 8" en el condado de Orange, FL. Real Estate Broker en el estado de la Florida.

Luciano R. Cordero ha estado retirado de las actividades profesionales indicadas arriba por los últimos cuatro años, pero continúa muy activo como Corredor de Bienes Raíces, (Real Estate Broker) y como Notario Público Certificado en el Estado de la Florida, actividades que siempre ha ejercido simultáneamente con sus otras obligaciones.

En el año 1997, Luciano R. Cordero partió desde Nueva York hacia la Florida y desde esta fecha hasta el presente. ha estado residiendo en Kissimmee, FL. con su esposa María Morel, (Mery, como cariñosamente le llaman).

DEDICATORIAS Y AGRADECIMIENTOS

Con gran aprecio dedico este libro al Dr. José Matamoros, pastor de la iglesia cristiana Casa Del Rey. Sus sugerencias y consejos en la primera etapa de escribir este libro fueron de una ayuda invaluable. Es un honor para mí el poder llamarlo mi amigo.

También dedico este libro a mi amada esposa, María Morel, Mery, por su apoyo y paciencia durante todo el tiempo que duró el proceso de escribirlo.

Asimismo, quiero agradecer a Ronnie F. Guzmán por la creación y diseño de la portada y contraportada de este libro.

PREFACIO

Este, mi primer libro, ***MEMORIAS Y SENTMIENTOS PERTURBADORES***, nace de la necesidad que he tenido por muchos años de contar y de compartir con el lector mis propias experiencias reales de espanto y de terror vividas y sufridas en carne propia, desde mi infancia hasta mi adolescencia, como resultado de las prácticas horrorosas de brujería, hechicería y espiritismo ejecutadas en mi presencia por algunos miembros de mi familia y por otras personas en la comunidad donde vivíamos. Esas experiencias fueron tan traumáticas, tan aterradoras y tan tormentosas para mí, que a pesar de más de cinco décadas después de éstas haber ocurrido, aún se conservan muy vivas y frescas gravitando en mi mente, como si hubieran ocurrido recientemente, y lo que también se convirtió en un secreto muy bien guardado por todos en la familia, por la naturaleza diabólica y vergonzosa de estas prácticas, y porque creó, tanto en mí como en algunos miembros de mi familia, un gran sentimiento de culpa y de vergüenza. Motivos por los cuales, más de cincuenta años más tarde he decidido escribir y revelar estas experiencias angustiosas y este secreto de familia en este libro como un exorcismo y como una forma terapéutica, para, de alguna manera, despojarme y liberarme de esos sentimientos y recuerdos atormentadores.

Este quizás no sea el mejor libro de memorias que se haya escrito o publicado ni tal vez sea el libro más acabado. Pero una cosa que sí puedo asegurarle al lector es que éste es un libro auténtico, fiel y real, basado en memorias y recuerdos de historias, experiencias y anécdotas de personas reales, de acuerdo y tal como yo las recuerdo y como las sentí y viví en cada momento en que ocurrieron los hechos. Este libro no contiene adorno, ni relleno ni alteraciones y sólo fueron cambiados los nombres de algunos de los miembros de mi familia que participaron en estos hechos, por un acuerdo establecido entre ellos y yo para proteger su identidad y su privacidad. Por lo que espero, con mucha humildad, que al leerlo pueda el lector sacar algún provecho del mismo. De igual manera confío en que sea leído por aquellos miembros de mi familia que aún viven y que, como yo, han vivido cargando y arrastrando este secreto de familia y este sentimiento de culpa y de vergüenza por tantos años, para que ellos también puedan liberarse de esa carga de la misma manera que la escritura de este libro me ha liberado a mí.

Todas las informaciones usadas aquí, fueron obtenidas de la siguiente manera: utilizando mis propias memorias y recuerdos de los actos, eventos y manifestaciones reales de ocultismo realizadas por algunos miembros de mi familia y por otras personas en mi presencia; utilizando anécdotas y testimonios contados por mi propia madre, quien también participó en estos actos de ocultismo. Usando anécdotas y testimonios contados por otros miembros de mi familia, tíos, tías, que, aunque nunca practicaron ni participaron en estos actos, sí fueron testigos de estas prácticas. Valiéndome del estudio de la Biblia, lo que me ayudó no sólo a entender y a reconocer las tácticas y estrategias que Satanás y sus demonios usan para confundir y engañar a la gente, sino que me sirvió también de guía espiritual y a citar los pasajes y versículos que se encuentran en este libro. Asimismo, me valí de la lectura del libro: El Gran Conflicto, de Elena G. de White, lo que contribuyó a mi entendimiento de la batalla espiritual que se ha estado librando entre el bien y el mal, casi desde el mismo comienzo de la humanidad.

INTRODUCCIÓN

Las historias, experiencias y anécdotas contadas en este libro ocurrieron entre las décadas de los años 50 y 70, en La Romana, una comunidad rural y costera, ubicada en el sureste de la República Dominicana y bañada en el sur por las aguas del mar Caribe y en el norte por el Océano Atlántico. La mayoría de las personas en ese lugar y en esa época, eran supersticiosas, creían en lo oculto y en los fenómenos y fuerzas sobrenaturales y se practicaban a diario ritos y actos de brujería, hechicería y espiritismo. En esta comunidad había curanderos y curanderas que hacían ensalmos con remedios medicinales naturales, conjuros, oraciones y magias para curar a las personas de algunas enfermedades o para alejar a los malos espíritus y atraer a los buenos o para protegerlas de algún hechizo, sortilegio, encantamiento o maleficio que pudiera haberles hecho otro curandero o curandera. Pero había también otros brujos y brujas que hacían maleficios, encantamientos, sortilegios y hechizos para causarle algún mal o daño a una persona. Era común ver familias o grupos de amigos reunidos de noche, adentro de sus casas o sentados en los patios, en la oscuridad, contando cuentos y anécdotas de temas relacionados con el ocultismo. Se narraban historias de personas fallecidas que las revivían y las convertían en una especie de *zombies* o en bestias y en animales feos y horrorosos, y de brujas que volaban de noche en escobas en busca de niños para chuparles la sangre y sacarles las grasas de sus cuerpos para hacer brujería. Todos estos relatos y actividades que se llevaban a cabo en ese pueblo causaban pánico y terror en mucha gente, incluyendo a los niños. Por lo que algunas personas le temían a la obscuridad y evitaban salir de sus casas de noche y cada vez que escuchaban algún aullido o sonido extraño y no común de noche, ellos enseguida asociaban ese aullido o ese sonido con un *Bacá*, demonios o animales salvajes y peligrosos que, poseídos por demonios, deambulaban en la oscuridad en busca de personas para destruirlos y hacerles daño.

Esas prácticas y creencias eran percibidas y aceptadas como algo normal y como una forma de vivir por la mayoría de la gente de aquel lugar y se iban enseñando y transmitiendo de familia a familia y de generación en generación. Fue en ese ambiente y en esa comunidad donde mi familia nació, creció, vivió y donde yo también nací y viví desde mi infancia hasta mi adolescencia. Fue también en ese mismo lugar y en ese mismo entorno, donde ocurrieron las prácticas, actos, ritos, escenas y manifestaciones del ocultismo realizadas por algunos miembros de mi familia y por otras personas en mi presencia, que marcaron mi vida y las vidas de toda la gente que de manera directa o indirecta participaron en estos hechos. No obstante, este libro no tiene como objetivo explicar la historia del ocultismo, ni de escribir sobre la lucha entre el bien y el mal que ha existido casi desde el inicio de la humanidad, ya que estos temas han sido discutidos por otros autores en libros religiosos y seculares que muchos de nosotros conocemos. El propósito de este libro es el de narrar y revelar: cómo se inició el culto y las prácticas de estos fenómenos ocultos y sobrenaturales en mi familia; cómo estos conocimientos fueron enseñados y transmitidos a mi madre y a un hermano por el propio padre de ellos; cómo mi madre, a su vez, enseñó y transmitió esas creencias y prácticas a algunas de sus hijas mayores; cómo estas prácticas marcaron las vidas de todas las personas que de manera directa o indirecta participaron en estos eventos. Por último, este libro trata de explicar cómo y por qué algunas de estas personas lograron escaparse de las garras de Satanás y sus demonios y otras no pudieron hacerlo.

OCULTISMO.
PRIMERA GENERACIÓN

La práctica del ocultismo en nuestra familia se inició con mi abuelo materno, Luigi y mi abuela materna, Mema. A abuelo Luigi nunca lo conocí, porque cuando yo nací él ya había fallecido y todo lo que sé de él lo aprendí a través de testimonios y relatos que me contaron mi madre y otros miembros de mi familia. Sin embargo, a abuela Mema sí la conocí, desde mi infancia hasta cuando yo tenía unos doces años. Mis abuelos se conocieron y se casaron cuando eran muy jóvenes y llegaron a procrear siete hijos e hijas, tres hembras y cuatro varones, incluyendo a mi madre, Yaya, una de sus hijas mayores. Abuelo Luigi era un hombre campesino de muy poco hablar, bajo de estatura, de piel oscura y mirada misteriosa y extraña. Nunca fue a la escuela y no sabía leer ni escribir. Sin embargo, este hombre se convirtió en una de las personas más importantes y reconocidas por toda la gente que vivían en la comunidad donde él vivía y llegó a ser uno de los hombres más influyentes y ricos de ese lugar. Abuelo Luigi era dueño de varias casas que él mismo construyó, ya que era carpintero y albañil, poseyó muchas tierras, ganados de vacas, caballos, gallinas y otros animales. Él era también el «chamán» o «curandero» de la comunidad y tenía conocimientos de yerbas y plantas medicinales y curativas, con lo que preparaba ensalmos y remedios para curar las enfermedades de las personas y hacía conjuros para proteger a la gente de hechizos y maleficios. Se decía, además, que abuelo Luigi tenía la habilidad de controlar las fuerzas de la naturaleza, los poderes sobrenaturales y la voluntad de las personas y con sólo mirar al cielo y consultar las estrellas podía predecir y adivinar eventos y fenómenos naturales que iban a ocurrir en el futuro, tales como lluvias, sequías, terremotos, huracanes etc. De igual manera, se afirmaba que él podía transformarse y convertirse en otra persona, en un animal, en un árbol o en cualquier otro objeto, para evitar ser reconocido o detectado por algún enemigo que lo estuviera persiguiendo. Abuelo Luigi era por demás un hombre mujeriego y aunque nunca se separó de mi abuela, tenía otras mujeres a las que mantenía económicamente y con quienes gastaba gran parte de su fortuna. Asimismo, él era un hombre adicto a los juegos de azar y pasaba días y noches enteras jugando y apostando a las cartas y a los dados, razón por la que perdió todo su dinero y todos sus bienes, y cuando murió dejó a abuela Mema y a sus hijos e hijas en la pobreza.

Abuela Mema, por otro lado, era también una mujer campesina que se pasaba todos los días cultivando y atendiendo los conucos donde se sembraban frutas, vegetales y viandas para el consumo de la familia. Ella, al igual que abuelo Luigi, nunca fue a la escuela, no sabía leer ni escribir y también practicaba el ocultismo. Abuela Mema era de tez blanca y de facciones finas, pero había en su figura algo extraño y misterioso. Era vieja, alta, flaca y silenciosa, casi nunca hablaba y jamás la vi sonreír o mostrar algún afecto o gesto de cariño o ternura a las demás personas. Ella, además, tenía unos ojos claros y grandes de mirada dura, seca y penetrante y daba la impresión de que siempre te estaba observando, como tratando de adivinar lo que uno estaba sintiendo o pensando. Su pelo también me llamaba poderosamente la atención, era un pelo negro, largo y suelto que le llegaba hasta la cadera, con algunas canas blancas que sobresalían en ambos lados de sus sienes, y al mirarla, yo tenía la sensación de estar ante la presencia de un ser extraño, misterioso y sobrenatural, algo así como una especie de bruja, lo que me causaba mucho miedo.

Después de la muerte de abuelo Luigi, uno de sus hijos mayores, Guilbert, se llevó a abuela Mema a vivir con él y le construyó un pequeño y oscuro cuarto en el patio trasero de su casa, donde ella se pasaba los días sola y sentada en una mecedora mirando siempre hacia afuera a través de una ventana. Recuerdo que la distancia entre la casa donde yo vivía con mi madre la demás familia y el cuarto donde vivía mi abuela, era de unas tres o cuatro millas y cada vez que mi madre me pedía que fuera a su cuarto a visitarla o a llevarle alguna comida, ropa o algún regalo, yo siempre me negaba a ir, pero mi madre me obligaba a hacerlo, por lo que iba a regañadientes y en contra de mi voluntad. Yo nunca me atreví a explicarle a mi madre la razón por lo que me negaba a visitar a mi abuela y ella siempre creyó que se debía a que yo no quería caminar para llegar hasta el lugar donde mi abuela vivía, pero la verdadera razón era que el estar a solas con ella en aquel cuarto pequeño y oscuro, me causaba miedo, angustia y mucha ansiedad.

Varios años después, abuela Mema murió y tan pronto falleció, tío Guilbert, de manera rápida y sospechosa enterró su cuerpo sin hacer ningún velatorio o velorio y también de forma rápida desmanteló aquel cuarto y quemó todas las maderas con las que se había construido, lo que llamó la atención y despertó sospechas entre algunos de sus familiares y vecinos. Pero cuando alguien le preguntaba a tío el porqué de esa acción tan acelerada, él siempre respondía que lo había hecho así porque abuela Mema sufría de tuberculosis pulmonar y él quería evitar que algún otro miembro de la familia u otra persona, ocupara ese cuarto y se contagiara con esa enfermedad. Esa repuesta que tío daba, nunca convenció a nadie y la mayoría de la gente en la comunidad creyó siempre que la razón por lo que él quemó y destruyó ese cuarto, se debió a que después de la muerte de mi abuela, se había quedado habitando en ese cuarto un demonio fuerte y maligno, por lo que tío pensó que, al destruir y quemar las maderas del cuarto, él había también quemado y destruido a ese demonio. Sin embargo, la verdad sobre este hecho sólo la saben Dios y tío Guilbert, quien murió hace ya algunos años y se llevó con él ese secreto a su tumba. Sin embargo, lo que sí todos sabemos, es que tanto abuela Mema como abuelo Luigi practicaban el ocultismo y ellos, con sus acciones, debieron haber atraído a esos demonios a sus vidas y a sus entornos. Por lo tanto, no debe sorprender a nadie si esos demonios se quedaron habitando en ese cuarto después de la muerte de abuela Mema y lo que quizás motivó a tío Guilbert a actuar de la manera en que lo hizo.

Yo nunca supe si mis abuelos alguna vez entendieron lo diabólico y lo peligroso que era para ellos practicar el ocultismo y del pecado que estaban cometiendo con esa práctica. Pero como la mayoría de la gente de ese tiempo creían y veían estas conductas como algo normal, es lógico pensar que mis abuelos así también lo creyeron y lo entendieron. Pero sabiéndolo ellos o no, mis abuelos, con sus acciones, invitaron a Satanás y a sus demonios a entrar y a controlar sus vidas y sus entornos y sellaron un pacto de muerte espiritual con ellos. Pero peor aún, ellos también enseñaron y transmitieron estos conocimientos a algunos de sus hijos y ellos, al igual que mis abuelos, practicaron el ocultismo y mi madre, a su vez, enseñó y transmitió estos conocimientos a algunas de sus hijas mayores que, como veremos más adelante, también practicaron el ocultismo y tuvieron que pagar un alto precio por esas prácticas.

¡Vidas tristes y controversiales las de mis abuelos! Como dice la sagrada escritura en Deuteronomio 5:9 «No los adorarás ni los servirás, porque yo, el **señor** tu Dios, soy Dios celoso, que castigo la iniquidad de los padres sobre los hijos, y sobre la tercera y la cuarta generación de los que me aborrecen».

OCULTISMO.
SEGUNDA GENERACIÓN

Como ya se ha señalado en el capítulo anterior, mis abuelos maternos no sólo practicaron ellos mismos la brujería, hechicería y el ocultismo, sino que también les enseñaron y transmitieron estos conocimientos a mi madre, Yaya, unas de sus hijas mayores y a tío Memito, el menor de todos sus hijos. Mi madre era una mujer de piel y tez clara, baja de estatura y un poco gordita, de pelo negro y corto, con ojos claros y grandes como mi abuela, pero de rostro agradable y confiable. Mi madre también tenía un buen sentido del humor y era capaz de reírse a carcajadas por largo tiempo cuando escuchaba una historia o un cuento chistoso, o cuando ella misma contaba sus propios cuentos y chistes. Ella apenas completó el segundo grado de la escuela primaria, pero aprendió a leer y a escribir muy bien, leía mucho la Biblia y adquirió conocimientos bíblicos, por lo que se convirtió en la rezadora del pueblo. Mi madre dio a luz dieciocho hijos e hijas, pero cinco de ellos murieron cuando eran niños y llegamos a sobrevivir trece, siete varones y seis hembras. Éramos una familia numerosa y pobre, pero mi madre y mi padre se esforzaron para que nunca nos faltara un plato de comida en la mesa y un lugar donde vivir. La casa donde vivíamos era también muy pequeña, sólo tenía dos cuartos de dormir, un baño, una cocina, una sala y un pequeño pórtico descubierto y abierto al frente de la casa, donde nos sentábamos a tomar aire fresco y a charlar. En esa casa residíamos mucha gente: mi padre, mi madre, algunos de mis hermanos y hermanas, nietos, sobrinos, sobrinas y otras personas que llegaban como visita a la casa y terminaban quedándose a vivir con nosotros por mucho tiempo y pasaban a ser ya parte de la familia. Pero a pesar de nuestra pobreza y a pesar de haber tanta gente viviendo en la casa, mi madre siempre se las arreglaba para que todos tuviéramos comida y un lugar donde dormir. Recuerdo que ella hacía conucos y hortalizas en el patio de la casa, donde sembraba vegetales, legumbres y otros productos comestibles, ella también construyó pequeños cuartos de madera en el patio trasero de la casa para acomodarnos a todos. Desde niño siempre la escuché decir: «Donde cabe y come uno, caben y comen dos, y donde caben y comen diez, caben y comen veinte». Recuerdo también que cuando llegaba alguien de visita a la comunidad y no tenía dónde quedarse ni dónde comer, la gente del pueblo le decía a esa persona que acababa de llegar: «Vete a la casa de Yaya, que allí siempre te van a recibir y te van a dar algo de comer y un lugar donde quedarte». Sin embargo, cuando yo tenía doce años, mi padre falleció y como él era el principal proveedor para la familia, todos pasamos por un periodo de gran escasez económica y llegamos a pasar hasta hambre, por lo que, a mi madre, al quedarse sola, se le hacía muy difícil proveer para todos en la casa. Por lo tanto, ella un día decidió dejar a sus hijos e hijas más pequeños, incluyéndome a mí, al cuidado de una de nuestras hermanas mayores y emigró a Puerto Rico en busca de un mejor futuro para ella y para la familia. Una vez allí, mi madre consiguió un empleo como cocinera en un restaurante, donde trabajó sin descanso para enviarnos el dinero para el sustento de la familia y después de algunos años, logró también sacarnos a todos de la pobreza en que vivíamos en la Republica Dominicana y nos llevó a vivir con ella a Puerto Rico, donde todos tuvimos la oportunidad de trabajar, estudiar y cambiar nuestras vidas y nuestros futuros. Ésa era la personalidad y la conducta de mi madre que yo siempre amé, admiré y respeté, pero había también en ella esa otra personalidad y ese otro comportamiento relacionado con la práctica de lo oculto que yo siempre desprecié y rechacé, porque me ocasionaba inseguridad, miedo, terror, dolor y sufrimiento sicológico y emocional. Mi madre, como mis abuelos practicaba la brujería, hechicería y el espiritismo y como ellos, llegó también a convertirse en una especie de «chamana» o «curandera» para la gente en la comunidad donde vivíamos. Desde niño podía observar cómo a mi casa acudía gente a «consultarse» con ella y a pedirle remedios caseros naturales, brebajes y ensalmos para curar cualquier malestar o enfermedades de ellos o de algún otro familiar. Otras personas también iban a verla para pedirle conjuros y encantamientos para protegerse de los malos espíritus y atraer a los buenos o para que ella les adivinara los números de la lotería que iban a salir, para ellos comprarlos con la esperanza de ganar algún dinero. Al igual que otros iban a verla para pedirle que hiciera sortilegios para protegerse de algún maleficio hecho por algún otro brujo o bruja. Pero también iban personas a ver a mi madre para que ella sirviera de médium y así poder comunicarse con sus seres queridos ya fallecidos.

Mi madre era por demás la rezadora del pueblo y con frecuencias era contratada por algunas personas para ir a rezarle a sus seres fallecidos en velorios, velatorios, en sus casas, en cementerios y en algunos otros lugares. Yo recuerdo varias ocasiones que, estando ella rezándole a esos muertos en estos lugares, los demonios trataban de poseerla delante de otras personas allí reunidas y ella tenía que parar de rezar y salía huyendo de esos sitios como alma que lleva el diablo, perseguida por esos demonios que la traían a la casa sin que ella siquiera se diera cuenta de cómo ni cuándo habían llegado. Mi madre era también invitada por algunos otros santeros y santeras para ir a unos lugares oscuros y tenebrosos, donde se invocaba, se veneraba, se rezaba y se les rendía culto a unos santos y a unas figuras feas y extrañas. Una noche, cuando yo tenía unos 10 años de edad, mi madre me llevó a uno de esos lugares, era un patio oscuro, largo, ancho y con piso de tierra polvorosa. En el mismo centro de ese patio se encontraban varios altares con velas y velones encendidos y repletos de figuras y retratos de santos y de seres horribles con rostros infernales y demoníacos. Había también en el centro de ese patio una mesa grande y larga llena de comida, frutas y bebidas, ofrecidas a esos santos y seres infernales, los cuales se manifestaban y poseían a algunas de las personas que participaban en esos ritos y cultos. En los alrededores de esos altares y de esa mesa había hombres y mujeres sudorosos y malolientes; algunos de ellos cantaban y tocaban unos tambores que emitían sonidos rápidos, funestos y extraños y había otros que, poseídos por esos santos y entidades demoniacas, daban saltos como bestias salvajes y giraban sus cuerpos con movimientos rápidos, violentos y ágiles. Algunos otros se transformaban, gesticulaban, retorcían sus cuerpos y caían al piso de tierra polvoroso y sucio de aquel patio de tierra y pataleaban como gallinas cuando les rompen el cuello, luego se arrastraban y se deslizaban por el suelo como culebras y salían de sus gargantas unos chillidos y alaridos desgarradores e infernales. Algunos de ellos giraban sus cabezas con tanta violencia que parecía que se las iban a despegar de sus cuellos, abrían desorbitadamente sus ojos rojos y los movían de lado a lado y de arriba hacia abajo y mostraban en sus rostros unas miradas y unas sonrisas burlonas y siniestras. Todos hablaban a la misma vez en idiomas desconocidos y extraños, con voces roncas y profundas que parecían venir del más allá y del mismo infierno. En medio de esta locura yo, horrorizado, observaba a mi madre que, con un rosario en sus manos, corría de un lado a otro en aquel patio oscuro y polvoriento, rezando y hablando con esos demonios y con las personas poseídas. En los extremos de aquel lugar había también algunas personas paradas debajo de unos matorrales altos y oscuros, observando ese escenario de locura colectiva e infernal y parecían estar disfrutando de lo que estaban presenciando. También había algunas otras personas, que al igual que yo, observaban y mostraban en sus rostros y en sus miradas miedo, terror y horror. Las luces de las velas y velones, al reflejarse en la oscuridad y alumbrar los rostros de las personas que estaban poseídas por esos demonios y los rostros de la gente que estaba allí paradas debajo de esos matorrales altos y oscuros, hacía que todos parecieran fantasmas, sombras y siluetas negras oscuras, algo sobrenatural e irreal. ¡Un verdadero escenario diabólico e infernal! Fue tanto el terror y el miedo que se apoderó de mí al observar todo aquello, que sentí que se me paralizaba el corazón y la respiración, y aunque únicamente había estado observando aquel infierno por tan sólo unos quince o veinte minutos, me pareció que había estado allí por horas, por lo que, aterrorizado y sin siquiera tratar de despedirme de mi madre, salí de aquel lugar oscuro y siniestro corriendo a toda velocidad y llegué a mi casa cansado, sudoroso, tembloroso y tan traumatizado por esta experiencia, que nunca le dije a nadie lo que había ocurrido en aquel patio, hasta más de cincuenta años después, cuando escribí y revelé este hecho en este libro.

Recuerdo otras ocasiones en que mientras yo dormía de noche con mi madre en la misma habitación, me despertaba sobresaltado en las madrugadas y la observaba poseída por demonios y parada frente al espejo de un armario de ropa que había en el cuarto, gesticulando y mostrando en su rostro unas miradas duras, siniestras e infernales. De pronto se reía a carcajadas y, como si se tratara de un hombre, se agarraba los genitales y hablaba con voz ronca y profunda en un idioma raro y extraño. Cada vez que esto ocurría yo me llenaba de terror y de miedo y llorando le hablaba y le rogaba que saliera de esos trances. Ella no podía escuchar mis ruegos ni podía entender lo que le estaba pasando, ya que el demonio que la poseía se apoderaba de ella, la controlaba y le robaba toda su conciencia y toda su voluntad. Mi madre permanecía en esos trances por largos minutos sin poder recuperarse, por lo que yo, angustiado, saltaba de la cama y salía de ese cuarto corriendo y gritando como un loco en busca de algún otro miembro de mi familia o de algún vecino para que me hiciera compañía y ayudara a mi madre a recuperarse. Sin embargo, cuando aparecía alguien, nada se podía hacer para que ella volviera en sí, ya que esas entidades malignas y diabólicas que la poseían venían y se iban cuando querían, y había que esperar que abandonaran el cuerpo y la mente de mi madre para ella poder volver en sí de ese trance. Pero aun cuando esos demonios abandonaban su cuerpo y ella volvía en sí de esos trances, mi madre nunca recordaba nada de lo que le había ocurrido ni de lo que ella había hecho o dicho durante esas posesiones diabólicas, por lo que siempre regresaba de nuevo a su cama, se acostaba y se volvía a dormir como si nada hubiera sucedido.

Yo nunca supe si mi madre alguna vez entendió lo mucho que esos actos y eventos de ocultismo que ella practicaba en mi presencia me habían afectado cuando yo era un niño, ya que nunca hablamos sobre ese tema. Normalmente, cuando un niño está en presencia de su madre y la mira a los ojos, todo lo que ese niño debe ver y sentir es amor, ternura y protección, sin embargo, la conexión afectiva y emocional que yo tenía con mi madre en ese momento de mi vida era todo lo contrario.

Una vez, cuando yo apenas tenía unos siete u ocho años, miré a mi madre a los ojos y de manera inocente y espontánea, le dije: «Mamá usted tiene los ojos malos como abuela Mema». Ella sólo me miró, pero no dijo nada, aunque muchos años después, cuando yo era ya un adulto, mi madre y yo tuvimos una conversación donde ella, con cierto resentimiento y remordimiento me recordó ese incidente. De inmediato, esto me hizo reaccionar y reflexionar y fue entonces cuando me di cuenta de lo mucho que le había dolido a mi madre mi comentario de niño y de lo mucho que me habían marcado y afectado esas experiencias horrorosas de brujería, hechicería y espiritismo que yo había vivido a su lado desde tan temprana edad. Por lo que aquella vez que miré a mi madre al rostro y comparé sus ojos con *los ojos malos* de mi abuela, lo que yo en realidad estaba haciendo, aunque no lo sabía en ese momento, era que estaba manifestando y mostrando todos esos traumas y sentimientos de miedo y de horror que había vivido a su lado, ya que todas las veces que la observé poseída por esos demonios que siempre la perseguían, lo primero que yo veía en su rostro y en sus ojos eran esas miradas duras, siniestras e infernales que me horrorizaban y que se quedaban grabadas en mi mente. Por eso, cada vez que yo miraba a mi madre a los ojos, aun cuando ella no estaba poseída por esos demonios, yo creía ver siempre esas mismas miradas duras, siniestras e infernales que también veía en el rostro y los ojos de mi abuela todas las veces que yo iba a visitarla a aquel cuarto oscuro donde ella murió. No obstante, y esta vez ya como adulto, miré a mi madre a los ojos y con mucho amor y ternura, le dije:

—Mamá, perdóneme, que yo era apenas un niño cuando hice ese comentario y no lo dije con la intención de ofenderla o de faltarle el respeto. Yo sólo expresé lo que en ese momento veía y sentía al mirarla a los ojos.

Ella también me miro a los ojos, y con mucha ternura me dijo:

—Lo sé mi hijo, yo te amo mucho y no te guardo rencor.

Luego nos dimos un beso, un fuerte abrazo y lloramos juntos por unos minutos.

De igual manera, yo nunca me enteré si mi madre alguna vez entendió el pecado que ella estaba cometiendo con la práctica del ocultismo o si consideró dejar esa práctica, ya que nunca me lo expresó. Sin embargo, hubo ocasiones, cuando llegué a observarla en la casa leyendo la Biblia, recitando versículos en voz alta, orando y cantando himnos cristianos, me daba la impresión de que hacía intentos para distanciarse de los demonios que la acosaban, pero aun cuando mi madre hacía todo esto, ella siempre terminaba envolviéndose en actos y en actividades diabólicos de brujería, hechicería y espiritismo. Mi madre, sabiéndolo o no, había invitado a los demonios a entrar a su vida, a su hogar y a su familia y había alimentado tanto su relación con ellos por tantos años, que sus deseos llegaron a coincidir con los deseos de Satanás y sus demonios y estos la poseyeron y la controlaron a su antojo. Mi madre, con su conducta, había ya sellado un pacto y un compromiso con estos seres oscuros y ocultos y aunque trató de zafarse de ellos, no pudo, fue para ella demasiado tarde y Satanás y sus demonios nunca la abandonaron y la persiguieron hasta el último día, en su muerte. Pero a pesar de eso y a pesar de todos sus errores y defectos, mi madre fue también una mujer con grandes virtudes y valores humanos, fue ella, por demás, la persona que me dio la vida y quien me cuidó y crió, por lo que yo siempre la honraré y le estaré siempre agradecido por toda mi vida.

Mi madre falleció hace casi veinte años, pero sufrió mucho antes de morir porque, aunque los médicos que la atendieron la habían declarado clínicamente muerta y aunque su cuerpo ya había entrado en estado de descomposición que hasta hedía, aún se podían sentir y observar ciertos latidos y palpitaciones en el centro de su vientre. Esto sorprendió mucho a los médicos, quienes dijeron que nunca antes habían visto o tratado un caso igual, por lo que ellos continuaron investigando, tratando de entender la causa de esos latidos y palpitaciones. A pesar de todos sus esfuerzos, los médicos nunca lograron averiguarlo y como el cuerpo de mi madre seguía descomponiéndose y esos latidos y palpitaciones en su vientre no desaparecían, ellos le entregaron el cuerpo de mi madre a dos de mis hermanas que la cuidaban, para que la sepultaran, pero mis hermanas preocupadas y alarmadas al ver que esos latidos y palpitaciones no paraban, solicitaron la ayuda de pastores y sacerdotes cristianos para ver si ellos podían hacerlos desaparecer antes de enterrar su cuerpo. Sin embargo, ningunas de las oraciones, plegarias y exorcismos hechos por estos pastores y sacerdotes pudieron parar esos latidos y palpitaciones, y el cuerpo de mi madre seguía descomponiéndose aún más. Por tal motivo, mis hermanas, desesperadas, contrataron los servicios de un brujo o curandero local para que la asistiera y tan pronto el curandero observó los latidos y palpitaciones en el vientre de mi madre, él aseguró que eso se debía a que muchos años atrás ella tenía *thabía* ingerido, una especie de ensalmo para protegerse de un maleficio, por lo que había que sacarlo de su cuerpo para que ella pudiera morir y descansar en paz. Acto seguido, este brujo hizo ciertos ritos y oraciones y minutos después y como por arte de magia, los latidos y palpitaciones en el vientre de mi madre cesaron y desaparecieron.

Pero al mismo tiempo que esto ocurría se escuchó un gemido y un chillido siniestro que salió del cuerpo de mi madre y se sintió en esa habitación un fuerte y furioso viento que, de manera violenta y misteriosa, abrió la puerta de par en par. Acto seguido, esa energía misteriosa e infernal salió de la habitación a toda velocidad, se estrelló y se apoderó del cuerpo de una de las nietas de mi madre, Nanita, quien estaba en el patio de la casa conversando con otros familiares y amigos. Al recibir el impacto de esa entidad diabólica en su cuerpo, Nanita comenzó a temblar y a convulsionarse, por lo que algunos de los miembros varones de la familia que estaban allí presentes, corrieron y trataron de sostenerla para evitar que cayera al suelo y se hiciera daño. Pero Nanita saltaba, se retorcía, hablaba en un idioma extraño y desconocido y mostraba una fuerza física tan descomunal que era casi imposible sujetarla y controlarla. De pronto se quedó quieta y con una mirada diabólica y burlona dibujada en su rostro, miró a Franchi a los ojos, un nieto de mi madre que la sujetaba y con una voz ronca y profunda de hombre, como si se tratara del mismo demonio que siempre poseía a mi madre, le ordenó: «Bésame la mano y pídeme la bendición». El nieto de mi madre asombrado y asustado y sin saber qué hacer o decir, miraba a Nanita y a las demás personas que estaban allí reunidas como preguntando con la mirada: ¿qué hago? Y alguien le gritó a Franchi: «Bésale la mano para que ese demonio salga de su cuerpo y se marche». Él, balbuceando y aún asustado, le besó la mano a Nanita y como si se tratara de mi madre, le dijo: «Bendición abuela» y tan pronto Franchi pronunció estas palabras, ese demonio abandonó el cuerpo de Nanita y ella volvió en sí de ese trance. Nanita, al ver que Franchi aún la seguía sujetando, lo miró y sorprendida le preguntó: ¿Que me ha pasado? ¿Por qué me está agarrando? Él le explicó lo que había sucedido y Nanita asustada y avergonzada por lo ocurrido, dijo: «¿Por qué a mí? Yo nunca he tenido nada que ver con nada de esto y nunca me había pasado algo así, yo me voy de aquí».

Acto seguido recogió las pertenencias que tenía en la casa y sin esperar a que el cuerpo de mi madre fuera enterrado, Nanita se dirigió a una parada de guaguas que había por allí, tomó una de las guaguas y se fue de regreso a Haina, el pequeño pueblo de donde había venido para acompañar a mi madre en su lecho de muerte. Al día siguiente de haber ocurrido este evento, el cuerpo de mi madre fue finalmente enterrado.

Este acto de posesión de la nieta de mi madre, Nanita, y el ataque de ese demonio a su nieto Franchi, es un claro ejemplo de que Satanás y sus demonios no se conforman con haber perseguido, poseído y atormentado a mis abuelos maternos, a mi madre y a algunas de mis hermanas, sino que también pretenden engañar, confundir y atrapar en sus garras a todas sus generaciones, incluyendo esta nueva y cuarta generación, descendientes de mis abuelos. Nanita sólo tenía unos quince años y Franchi unos dieciséis, ellos eran jóvenes adolescentes inocentes que nunca tuvieron conocimiento de lo oculto y jamás habían presenciado o participado en algún acto de brujería, hechicería y espiritismo. Mi familia por parte de mis abuelos maternos es muy numerosa y extensa, sólo mis abuelos tuvieron siete hijos e hijas y esos hijos e hijas de ellos, incluyendo a mi madre, tuvieron a su vez sus propios hijos e hijas, y los hijos e hijas de mi madre y demás hermanas y hermanos también tuvieron sus propios hijos e hijas y así sucesivamente. Por lo que ha sido imposible para mí conocerlos a todos o conocer sus historias para saber si hay o hubo algunos otros miembros más de mi familia que estén practicando o que hayan practicado la hechicería, la brujería y el espiritismo o que hayan sido poseídos por demonios. Eso no lo sé, pero lo que sí sé con seguridad es que Satanás y sus demonios tienen muchos poderes para engañar y confundir a muchas personas y no me extrañaría que estén tratando o que hayan ya engañado y seducido a algún otro miembro o miembros de mi familia. Pero mi familia no está sola, porque hay todo un ejército de hombres y mujeres orando siempre con mucho fervor, pidiéndole a Dios guía y protección espiritual, no sólo para mi familia, sino también para el mundo entero. Porque existe una guerra espiritual entre el reino de Dios y el reino de Satanás y al final Satanás y todos sus demonios serán derrotados por Dios.

¡Amén! 1 Juan 5:4 «Porque todo lo que es nacido de Dios vence al mundo; y ésta es la victoria que ha vencido al mundo: nuestra fe».

Yo vivía en Nueva York cuando recibí la noticia de la muerte de mi madre y su muerte me golpeó muy fuerte. Me deprimí mucho por largo tiempo y aunque algunos de mis hermanos y hermanas insistieron para que yo estuviera presente en su entierro y en su velatorio, preferí no hacerlo porque quería mantener siempre su imagen en mi mente, como cuando ella estaba viva. No obstante, cuando me enteré de que ellos habían usado los servicios de un brujo para asistirla a morir, eso me llenó aún más de tristeza y de culpa, porque de haber estado yo allí presente cuando ocurrió ese hecho, jamás hubiera permitido que aquel brujo tocara su cuerpo y hubiera preferido mejor enterrarla con esos latidos y palpitaciones; ya que consentir que un brujo la tocara fue como pedirle a Satanás y a sus demonios que una vez más la violaran y poseyeran su cuerpo y su alma y que dictaran cuándo y cómo ella debía morir y ser enterrada. Un derecho que sólo le pertenece a Jehová Dios y no a Satanás y a sus demonios.

¡Lastimera existencia y muerte de mi madre que, en vez de arrepentirse de sus pecados en vida y procurar y escoger la paz, luz y tranquilidad que sólo ofrece Dios a través de su hijo Jesús Cristo, eligió rendirle cultos a Satanás y a sus demonios! Deuteronomio 18: 10-13 «No sea hallado en ti quien haga pasar a su hijo o a su hija por el fuego, ni quien practique adivinación, ni agorero, ni sortilegio, ni hechicería, ni encantador, ni adivino, ni mago, ni quien consulte a los muertos, porque es abominable para Jehová cualquiera que hace estas cosas, y por estas cosas abominables, Jehová, tu Dios, expulsa a estas naciones de tu presencia».

Tío Memito, por otra parte, era el menor de todos los hijos e hijas que procrearon mi abuelo Luigi y mi abuela Mema, y como todos los demás hijos e hijas de mis abuelos, él nació y creció en el campo, trabajando y cultivando la tierra y construyendo casas, ya que también era albañil y carpintero. Tío era bajo de estatura, pero tenía pecho y hombros anchos, cuerpo y brazos fuertes y musculosos, manos ásperas y callosas producto quizás de las labores físicas que realizaba. Memito era por demás una persona callada, reservada y misteriosa e, igual que mi madre, también aprendió de mis abuelos la brujería, la hechicería y el espiritismo y alrededor de él se tejieron muchas leyendas y anécdotas. Se decía que él había aprendido de abuelo Luigi una oración que, al decirla, se transformaba en otra persona, en un animal, en un árbol o en cualquier otro objeto para evitar ser detectado por sus enemigos. Yo recuerdo una anécdota de tío Memito que se contaba siempre en nuestra familia que decía lo siguiente:

En la comunidad donde tío vivía había un señor muy rico y poderoso llamado Emilio Faduc, quien a su vez tenía un hijo llamado Maximiliano, un hombre joven muy engreído y problemático que tenía fama de haber violado a algunas niñas adolescentes y a algunas otras mujeres en la comunidad. Este hombre también se la pasaba riñendo y peleando con cualquier persona que no lo complaciera en sus caprichos o demandas y era bien conocido en los bares y restaurantes donde iba, comía, tomaba tragos de alcohol y se marchaba de esos lugares sin pagar por esos servicios. Pero a pesar de que Maximiliano era un hombre odiado por todos en esa comunidad, la gente también le temía y nadie se atrevía a enfrentarlo ni a reportar sus delitos y abusos a las autoridades, por temor a las represalias que podían recibir de él o de su consentidor padre, Emilio Faduc, el hombre más rico y poderoso de ese lugar.

Un día, tío Memito estaba sentado en la mesa de un bar tomándose unos tragos y acompañado por una de las mujeres que frecuentaban ese lugar. De pronto apareció Maximiliano en el bar, se sentó en una mesa próxima a la mesa donde estaba tío, y dirigiéndose a la mujer que acompañaba a tío Memito, le ordenó:

—Oye tú, te quiero aquí sentada en mi mesa acompañándome a mí y no a este pobre diablo que no tiene ni en qué caerse muerto.

Enseguida, tío sujetó a la mujer por un brazo con firmeza, miró a Maximiliano directo a los ojos y le contestó:

—Si de verdad eres un hombre, ven a mi mesa y llévatela,

A lo que Maximiliano respondió:

—¿Acaso sabes tú quién soy yo?

—Claro que sé quién eres, un violador de niñas y mujeres, un abusador brabucón, que se pasa buscando problemas con todo el mundo y siempre te sales con la tuya, porque la gente te tiene miedo y no se atreven a enfrentarte ni a ponerte en tu lugar, pero ahora te estas enfrentando a un hombre de verdad que no te tiene miedo, así que decide lo que vas a hacer —le contestó tío Memito.

Maximiliano, enfurecido y sin pronunciar una palabra más, se acercó a la mesa donde estaba tío Memito y le lanzó un puñetazo en el rostro, pero tío estaba preparado, esquivó el golpe, tomó una botella de cerveza que estaba vacía sobre la mesa y lo golpeó con ésta en la cabeza. Al recibir el impacto del golpe, Maximiliano cayó al suelo aturdido y cuando trató de levantarse para seguir peleando, tío Memito tomó una silla y comenzó a golpearlo hasta dejarlo inconsciente y ensangrentado tirado en el piso, luego, con pasos firmes y rápidos salió del lugar. Ninguna de las personas en ese bar hicieron algo para ayudar o defender a Maximiliano, todos estaban sorprendidos y quizás alegres de que por fin alguien se había atrevido a enfrentar a este hombre que por mucho tiempo había aterrorizado con sus abusos a toda la comunidad. El dueño del bar, asustado, pidió una ambulancia y se llevaron a Maximiliano al hospital, donde permaneció por varias horas tendido en una cama ensangrentado por los golpes recibidos en la cabeza. La policía local también fue notificada del incidente y la noticia corrió como reguero de pólvora en la comunidad. Emilio Faduc, el padre de Maximiliano, al enterarse de lo que le había ocurrido a su hijo se puso furioso y juró matar a tío Memito tan pronto lo encontrara y como él ejercía muchas influencias sobre las autoridades locales, le ordenó a la policía que buscaran a tío y que se lo entregaran vivo o muerto. Emilio Faduc conocía muy bien a tío, pues en varias ocasiones lo había contratado para que le hiciera trabajos de carpintería y albañilería en sus casas y en sus fincas. Pero pasaron los días y aunque tanto la policía como Emilio Faduc seguían buscando a tío, ellos nunca lograron encontrarlo, a pesar de que él nunca abandonó la comunidad donde vivía. Emilio Faduc, enfurecido porque no lograba encontrar a tío, ofreció una recompensa por cualquier información sobre su paradero y de vez en cuando aparecían algunas personas que le informaban a Emilio Faduc y a la policía de los lugares donde se encontraba tío, pero cuando ellos iban a buscarlo a esos sitios, tío Memito, como por arte de magia, desaparecía y no podían encontrarlo.

Una tarde, mientras tío caminaba por un camino estrecho y solitario, observó a cierta distancia la figura imponente de un hombre sentado en un caballo blanco con una pistola en su cintura que se dirigía cabalgando en dirección donde se encontraba tío Memito. Tío de inmediato reconoció a ese hombre, era Emilio Faduc y titubeó por un momento, pero como era un hombre de acción, se repuso y evaluó su situación: no podía retroceder, ni desviarse del camino, ni tratar de esconderse, porque Emilio Faduc ya había también advertido su presencia y tomar cualquiera de esas acciones era despertar la sospecha y la curiosidad de Emilio Faduc. Por lo que tío, sin inmutarse y con pasos firmes, aceleró el paso y de manera resuelta se dirigió al encuentro de Emilio Faduc, al acercársele, sacó un cigarrillo que portaba en uno de los bolsillos de su camisa y con él en la mano le dijo: ——Señor, ¿podría usted regalarme un fósforo para encender este cigarrillo?

Emilio Faduc miró a tío de pies a cabeza, sacó una cajita de fósforos que llevaba en el bolsillo delantero de su camisa, se la pasó a tío y le dijo:

—Desde hace algún tiempo he estado buscando a un sujeto llamado Memito.

Acto seguido, le dio a tío la descripción física de ese sujeto y le preguntó:

—¿Por casualidad conoce o ha visto usted a un hombre que coincida con estas descripciones?

Tío, antes de responderle, sacó un fósforo de la cajita que le había dado Emilio Faduc, encendió su cigarrillo, le devolvió la cajita de fósforos, le dio las gracias y con calma y frialdad le contestó:

—Lo siento señor, pero no conozco ni he visto a nadie con esas descripciones, pero tenga usted la seguridad de que, si veo a ese hombre, se lo haré saber.

Luego, tío inhaló y exhaló una gran bocanada de humo del cigarrillo y siguió su camino. Emilio Faduc nunca advirtió que el hombre que tanto había buscado para matarlo, estuvo minutos antes conversando y parado frente a él. Ni Emilio Faduc ni la policía con todos sus poderes e influencias, pudieron encontrar a tío Memito, porque él, con una oración que había aprendido de su padre, abuelo Luigi, tenía la habilidad de transformarse y de convertirse en otra persona, en un animal, en un árbol o en algún otro objeto para evitar ser detectado o identificado por sus enemigos.

Durante algún tiempo me costó trabajo creer en esta historia de transformación física de mi tío, pero basado en algunos conocimientos bíblicos que tengo y el hecho de haber sido testigo de actos y posesiones demoniacos que parecían fantásticos e increíbles ante mis ojos, no me queda la menor duda que Satanás y sus demonios tienen poderes para transformar las apariencias físicas de mucha gente para engañarlos, confundirlos y controlarlos. A tío Memito, los demonios también lo persiguieron y lo atormentaron y vivió una vida inestable y misteriosa. Tío siempre daba la impresión de que estaba huyendo y escondiéndose de algo o de alguien, nunca permanecía por mucho tiempo en el mismo lugar y jamás nadie supo si alguna vez se casó o tuvo hijos. Él con regularidad se ausentaba de su madre y de sus hermanas y hermanos por largos períodos de tiempo, pero en cualquier día aparecía de sorpresa, sin nadie esperarlo y visitaba a algún miembro de la familia. Pero con la misma rapidez que aparecía, así mismo se iba, desaparecía de nuevo y no se le volvía a ver por años. Nunca le informaba a nadie hacia dónde se dirigía ni de dónde venía, ni cuándo regresaría. Tío Menito era en realidad un enigma, nadie, ni siquiera su familia, jamás llegó a conocerlo y hasta el día de hoy aún no se sabe dónde se encuentra o si está vivo o muerto.

(2 Co. 11:14-15) «Y no es de extrañar, pues aún Satanás se disfraza como ángel de luz. Por tanto, no es de sorprender que sus servidores también se disfracen como servidores de justicia; cuyo fin será conforme a sus obras».

OCULTISMO. TERCERA GENERACIÓN

Marla era la mayor de todas las hijas de mi madre y desde que tengo uso de razón, siempre convivió con todos nosotros en la casa, porque desde muy joven sufría de problemas mentales. Yo nunca supe con exactitud lo que ocasionó los problemas mentales de Marla, como tampoco llegué a enterarme si mi madre alguna vez enseñó y transmitió a Marla los conocimientos del ocultismo o si Marla alguna vez llegó a practicar el ocultismo. Durante todo el tiempo que conviví con ella, desde mi niñez hasta mi adolescencia, mostraba un comportamiento algo extraño. Por momentos se desconectaba de todo, se recluía, se arrinconaba en la esquina de una habitación solitaria y oscura y se metía debajo de una cama, donde permanecía en silencio por largas horas, por lo que muchas veces había que forzarla para que saliera de esa habitación o de debajo de esa cama. En ocasiones también se le podía escuchar hablando sola, como discutiendo y peleando con algún ser imaginario y diciendo: «Déjame tranquila, no me toques burro malhechor». Sin embargo, con excepción de esas conductas y de esos lapsos mentales, Marla también exhibía una gran lucidez mental y actuaba como una persona normal y corriente. Ella compartía y hablaba con los demás miembros de la familia, entendía y hacía todo lo que se le ordenaba y lo que se le decía, se aseaba sin necesidad de ayuda, hacía mandados en la bodegas y tiendas, ayudaba en los quehaceres de la casa, fregaba las lozas y los trates, lavaba y planchaba sus ropas, las ropas de los demás y hasta cocinaba.

Mi madre siempre explicó que los trastornos mentales de Marla se debían al hecho de que ella se había casado desde muy joven con un hombre que la maltrataba y le pegaba y un día, aquel hombre le propinó una golpiza cuando ella estaba embarazada, a partir de ese incidente, de acuerdo con mi madre, Marla comenzó a mostrar esos problemas mentales. Durante muchos años yo creí y acepté esa explicación que daba mi madre, pero a medida que pasó el tiempo, ya como adulto, y después de analizar los comportamientos y conductas de Marla, he tenido mis dudas y mis sospechas sobre lo que pudo haberle causado esas perturbaciones mentales a mi hermana. Mis dudas y sospechas están basadas en el hecho de que antes de que todas sus hijas e hijos nacieran, mi madre ya practicaba el ocultismo y existen pruebas de que ella enseñó y transmitió los conocimientos del ocultismo a tres de sus hijas que nacieron después de Marla. Por lo que siendo Marla la mayor de todas y la hija que convivió con mi madre por más tiempo, es lógico pensar que quizás fue Marla la primera de todas sus hijas a quien mi madre enseñó y transmitió esos conocimientos y muy bien pudo haber sido Marla la primera de sus hijas en practicar la brujería, la hechicería y el ocultismo y la primera de sus hijas en ser poseída y perseguida por esos mismos demonios que siempre acompañaron y persiguieron a mi madre hasta su muerte. Pero peor aún, quizás fueron estos mismos demonios los que causaron las enfermedades mentales de mi hermana. Marla murió hace ya unos veinticinco años, varios años antes de que mi madre falleciera y las respuestas a todas mis dudas y sospechas sobre lo que en realidad le ocurrió a mi hermana Marla, sólo las sabe Dios.

¡Que Dios guarde a Marla en su santo seno! Deuteronomio 18:10:10 «No sea hallado en ti quien haga pasar su hijo o su hija por el fuego ni practicante de adivinaciones, ni agorero, ni sortílego, ni hechicero».

Diana, la segunda de mis hermanas mayores también aprendió de mi madre la brujería, la hechicería y el espiritismo y como mi madre, ella también fue víctima de estos demonios que la atormentaron, poseyeron y persiguieron hasta su muerte. Yo no pasé mucho tiempo al lado de Diana porque ella se había casado muy joven y vivía en la capital del país con su esposo y sus cuatro hijos varones pequeños, pero de vez en cuando ella se tomaba unos días para venir a visitarnos a nuestra casa. Aunque por un lado me alegraba verla y saludarla cuando venía a visitarnos, por otro lado, su presencia en la casa me ponía tenso y ansioso, porque desde que ella llegaba, el ambiente en la casa se tornaba pesado y se cargaba de energías negativas. Su presencia en la casa era como una amenaza y un presagio de que los actos de posesiones y manifestaciones diabólicas iban a ocurrir en cualquier momento, las cuales siempre ocurrían.

Una mañana, Diana estaba sentada en una silla en la cocina tomándose una taza de café y de pronto dejó la taza a un lado de la mesa sin terminar de tomarse el café y con una mirada y una sonrisa diabólica e infernal dibujada en su rostro, empezó primero a mover la cabeza muy despacio de lado a lado y de arriba hacia abajo y de abajo hacia arriba. Después se paró de la silla y comenzó a dar unos saltos ágiles y tan altos que casi tocaban el techo de la casa, luego cayó al piso y le salieron de la garganta unos chillidos y alaridos desgarradores e infernales; comenzó a gesticular y a hablar en un lenguaje que nadie entendía. Luego paró de gesticular y hablar, su cuerpo se contorsionó, comenzó a arrastrarse y a deslizarse en el piso como una culebra. De repente se paró del piso y tomó una lata llena de agua que había en la cocina y comenzó a tomar grandes cantidades de agua que ningún otro ser humano normal tenía la capacidad de ingerir. Después de tomarse toda esa agua, Diana se sentó de nuevo en la silla, se quedó tranquila, con una mirada fija en la distancia y, como despertando de un sueño. Sorprendida miró a los miembros de la familia que estaban allí presentes y preguntó: «¿Qué ha pasado? ¿Por qué todos me miran? ¿Por qué hay tanto desorden en la cocina? Éstas eran siempre las mismas preguntas que ella hacía cuando salía de cada trance y de esas posesiones diabólicas, pero nadie le respondió, porque todos sabían que aunque Diana no se daba cuenta cuando los demonios la poseían, ni recordaba lo que hacía cuando estaba poseída, ella sí sabía que estos demonios iban y venían cuando querían, que siempre la poseían y la controlaban.

El esposo de Diana nunca practicó el ocultismo, pero él apoyaba y permitía que ella ejecutara actos y ritos de lo oculto en la casa donde ellos vivían y en presencia de sus hijos pequeños. Sin embargo, después de cierto tiempo, él se arrepintió de todos sus pecados, se dedicó de lleno a servirle a Cristo y trató por mucho tiempo de convencer a Diana para que ella también siguiera sus pasos y se alejara de las prácticas del ocultismo. Él siempre la invitaba y la llevaba a la iglesia, hacía cultos cristianos en la casa donde oraba por ella y cantaba himnos cristianos, pero a pesar de todos sus esfuerzos, Diana nunca llegó a arrepentirse de sus pecados ni renunció a la práctica de brujería, hechicería y espiritismo, por lo que su esposo, cansado de luchar con Diana para que dejara de practicar lo oculto, tomó a sus hijos con él y se marchó, dejando a Diana sola en la casa. Mi hermana continuó practicando el ocultismo y rindiéndole culto a Satanás y a sus demonios y algunos años después, sola, vieja, enferma y demente, ella terminó en un asilo de ancianos y pasó el resto de sus días sentada en una cama o en un sofá dentro del asilo hablando a solas y discutiendo con los demonios que la perseguían. Era también muy común ver a Diana sentada en una mecedora en el balcón del asilo o sentada en su cuarto con la mirada vacía y perdida peleando con los demonios y repitiendo una y otra vez: «Que me dejes tranquila, te dije que no quiero nada contigo». Después de algunos años de estar en aquel asilo, Diana murió sola en ese lugar y cuando su esposo y sus hijos se enteraron de su muerte, ellos recogieron su cadáver y le dieron sepultura.

¡Vida triste y trágica la de mi hermana Diana!, que, al dedicar su vida a la práctica de brujería, hechicería y espiritismo, no sólo le entregó su alma a Satanás y a sus demonios, sino que se separó de Dios y provocó que su esposo y sus hijos la abandonaran, terminando su vida sola y desamparada. Diana, al igual que mis abuelos maternos, mi madre, mi tío Memito y Marla, nunca logró liberarse de las garras de Satanás y sus demonios, porque en vida nunca se arrepintió de sus pecados ni se entregó a Cristo, por lo que Satanás y sus demonios nunca la abandonaron y la persiguieron hasta los últimos días de su vida. (Éxodo 20:27) «El hombre o la mujer que consulten espíritus de muertos o se entreguen a la adivinación, han de morir; serán apedreados y su sangre caerá sobre ellos».

Brina fue la tercera de mis hermanas mayores y tanto ella como algunas de mis otras hermanas, también aprendió de mi madre la brujería, la hechicería y el espiritismo y al igual que todas ellas llegó a practicarla. De todas mis hermanas, Brina era con la que mejor me llevaba y con la que tenía más confianza y aunque ella sólo completó el cuarto grado de la primaria, aprendió a leer, escribir y hablaba muy bien el castellano. Brina y yo hablábamos mucho y nos pasábamos largas horas sentados y recostados en un sillón o tirados los dos en una cama de la casa conversando sobre nuestros planes para el futuro y de nuestros deseos y temores en la vida. Pero como ocurría con mi madre, había también en Brina esa otra personalidad y ese otro comportamiento asociado con la práctica de lo oculto que me perturbaba y que me llevaron a distanciarme de ella. Brina, al igual que mi madre, tenía conocimientos de las propiedades curativas de yerbas y plantas medicinales y hacía las veces de *chamana* o *curandera*. Desde niño, al igual que ocurría con mi madre, yo observaba cómo a mi casa acudía gente a «consultarse» con Brina y a pedirle remedios caseros naturales, brebajes y ensalmos para curar cualquier malestar o enfermedades de ellos o de algún otro familiar. Otras personas también iban a verla para pedirle conjuros y encantamientos para protegerse de los malos espíritus y atraer a los buenos o para que ella les adivinara los números de la lotería que iban a salir para ellos comprarlos con la esperanza de ganar algún dinero. Mientras que otros iban a verla para pedirle que hiciera sortilegios para protegerse de algún maleficio hecho por algún otro brujo o bruja. También iban personas a ver a Brina para que ella sirviera de médium y así poder comunicarse con sus seres queridos ya fallecidos.

De igual manera, Brina era poseída por entidades infernales y demoniacas que se manifestaban en su cuerpo y en más de una ocasión fui testigo de estos actos de posesiones. Una tarde, yo acababa de regresar de la escuela y como tenía hambre, me dirigí a la cocina a comer algo y desde allí podía escuchar las conversaciones y las risas de Brina y otros miembros de mi familia que estaban sentados en la sala. De pronto se hizo un silencio, nadie hablaba y las conversaciones y las risas que ellos sostenían ya no se escuchaban, por lo que, curioso, salí de la cocina y fui a la sala para averiguar el porqué de ese silencio tan repentino, fue entonces cuando observé a Brina y entendí lo que estaba ocurriendo. Ella estaba sentada en un mueble de la sala muy callada y mostraba en su rostro una sonrisa burlona, cínica, infernal y diabólica. De pronto empezó primero a mover la cabeza con lentitud de un lado a otro, luego la movió con rapidez y violencia de abajo hacia arriba y de arriba hacia abajo como si tratara de arrancarse la cabeza del cuerpo. Después se escucharon unos crujidos de dientes y salieron de su garganta unos chillidos como de ultratumba y hablaba una lengua y un idioma que nadie entendía, con un tono de voz profundo, ronco y masculino. Luego se sentó de nuevo en una silla, se quedó quieta por un momento y las manos comenzaron a transformársele como si fueran garras de un animal peligroso y salvaje y con movimientos felinos se levantó del mueble como una fiera dispuesta a atacar a alguien, lanzaba miradas aterradoras y desafiantes a los que estaban en esa sala. Después dio un salto y cayó al piso, donde se quedó quieta por unos minutos con los ojos cerrados, minutos después, como despertando de un sueño, abrió los ojos y sorprendida miró a las personas que estaban allí presentes y preguntó: «¿Por qué estoy tirada en el piso? ¿Qué ha pasado?» Pero como de costumbre, nadie dijo nada ni respondió a sus preguntas, ya que como siempre ocurría, nadie, ni siquiera ella misma, podían evitar que estas posesiones ocurrieran, los demonios siempre iban y venían y poseían el cuerpo de mi hermana cuando les daba la gana y se iban cuando querían. Estos eran los mismos demonios que siempre se manifestaban tanto en mi madre, como en mi hermana Diana.

Brina siguió practicando el ocultismo por muchos años, sin embargo, después de algún tiempo, ella comenzó a dar muestras de arrepentimiento por esta práctica y en muchas ocasiones, después de ser poseída y salir de esos trances, se le notaba triste, deprimida y se le escuchaba decir: «Ya estoy enferma y cansada de esta maldita porquería y de que estos demonios me estén persiguiendo siempre sin que yo pueda evitarlo. De verdad que no me dejan tranquila, no me dejan en paz. Tengo tres hijos pequeños y no quiero contaminarlos con esta basura, ni que aprendan de mí esta práctica demoniaca y maldita que ha existido en nuestra familia por tantos años. Tengo que encontrar la manera de salir de esto».

Recuerdo que uno de mis hermanos mayores, William, un hombre cristiano, pastor misionero y el único miembro de mi familia que era cristiano en ese tiempo, se pasaba todo el tiempo aconsejando y tratando de convencer tanto a Brina como a mi madre y demás hermanas, para que abandonaran la práctica del ocultismo y se entregaran a Cristo. En más de una ocasión fui también testigo de cómo William sentaba a mi madre y a cada una de mis hermanas en una silla y con la Biblia en una mano y la otra en las cabezas de ellas oraba con mucha energía y devoción y les ordenaba a esos demonios que se alejaran y salieran del cuerpo y de las mentes de ellas. Luego, les predicaba y les decía que de la única manera que ellas podían zafársele a Satanás y a sus demonios era arrepintiéndose de todos sus pecados, entregándose a Cristo, orando con mucha fe y devoción, estudiando la Biblia y predicando su palabra. Después de un tiempo y quizás siguiendo los consejos de William, Brina comenzó a estudiar la Biblia, oraba con mucha devoción y fe, participaba en cultos cristianos, se le escuchaba cantando himnos cristianos tanto en las iglesias como en la casa y dejó de practicar la brujería, hechicería y el espiritismo. Pero a pesar de ese gran esfuerzo que ella hacía para distanciarse de Satanás y sus demonios, estos no se daban por vencidos y estuvieron atacándola y persiguiéndola por algún tiempo. Hubo momentos en que los demonios trataron de poseerla en la iglesia, en la casa y en otros lugares públicos, pero con la ayuda de Dios, el pastor de su iglesia y sus hermanas y hermanos de fe, Brina pudo resistir los ataques de Satanás y sus demonios y logró escaparse de sus garras.

Pero Brina no sólo consiguió escapar y liberarse de las garras de Satanás y sus demonios, sino que también logró proteger a sus hijas e hijo para que no cayeran en sus garras y evitó también que ellos aprendieran y llegaran a practicar lo oculto. Por lo que después de algún tiempo, sus dos hijas hembras se entregaron a Cristo y hasta el día de hoy, por ahí andan las tres juntas hablando del reino de Dios y predicando el evangelio. Su hijo varón aún no se ha entregado a Cristo, pero él le tiene un gran respeto al evangelio y un gran temor de Dios. Pero, además, Brina, con su acción, también logró prevenir que sus futuras descendencias y nuevas generaciones pudieran caer en las garras del maligno y al mismo tiempo consiguió parar y romper de una vez por todas con esa maldita y diabólica herencia de brujería, hechicería y espiritismo que ha existido en nuestra familia por generaciones.

¡Alabado sea Jehová Dios! Deuteronomio 5:9-10 «No los adorarás ni los servirás; porque yo, el Señor tu Dios, soy Dios celoso, que castigo la iniquidad de los padres sobre los hijos y sobre la tercera y la cuarta generación de los que me aborrecen, pero que muestro misericordia a millares, a los que me aman y guardan mis mandamientos».

Niurka, por otro lado, era una de la más jóvenes de todas mis hermanas y como mis otras hermanas mayores, también aprendió de mi madre la brujería, la hechicería y el espiritismo, también practicaba el ocultismo y mantenía siempre, en la esquina de una de las habitaciones de la casa, un altar repleto de santos y otras figuras feas y horribles con velas y velones encendidos, comida y flores que eran ofrecidas a estas entidades. Niurka era físicamente la más atractiva de todas mis hermanas y era una mujer alegre, dinámica, estudiosa, con muchos amigos y amigas y llena de sueños e ilusiones. Sus metas eran terminar sus estudios, trabajar y encontrar un esposo serio y responsable para tener hijos y formar una familia estable. Esto parecía algo posible y fácil de lograr para ella, dados sus atributos personales y su apariencia física. Sin embargo, Satanás y sus demonios parecían tener otros planes para ella, la atacaron y la persiguieron de una manera muy diferente a como ellos habían atacado y perseguido a mi madre y demás hermanas. Yo recuerdo una noche que mientras todos dormíamos en la casa, aquel altar se incendió y de no ser por la intervención de uno de mis hermanos que notó el fuego y lo apagó, la casa entera se hubiera quemado con todos nosotros adentro. Después de ese accidente y de manera misteriosa, Niurka de repente se convirtió en una mujer triste, solitaria y deprimida, se alejó de sus amistades y familia, abandonó los estudios y comenzó a tener relaciones sexuales con diferentes hombres sin casarse y sin llegar a formalizar una relación seria y estable con ninguno de ellos. Pasaban los años y Niurka continuaba viviendo esa vida loca e irresponsable y terminó dando a luz a cuatro hijos varones con cuatro hombres diferentes. Una vez que cada uno de estos hombres descubrían que ella estaba embarazada, todos la abandonaron, por lo que cada vez que Niurka daba a luz a cada uno de estos niños, ella se los iba entregando a mi madre, quien terminó criándolos a todos hasta que se hicieron adultos, mientras Niurka continuaba viviendo su vida loca como si fuera para ella algo normal.

La inestabilidad emocional y espiritual de Niurka preocupaba tanto a la familia, que todos llegamos a creer que se estaba volviendo loca. Pero cuando todo parecía ir de mal en peor para ella, Niurka conoció a Julio, un hombre cristiano de fe que le habló de Cristo y la invitó a una iglesia cristiana; después de cierto tiempo de estar leyendo y estudiando la Biblia, mi hermana no sólo logró arrepentirse de todos sus pecados y dejó de practicar el ocultismo, sino que también consiguió casarse con Julio, ese hombre bueno e hijo de Dios que tanto la ayudó para que ella pudiera escaparse de las garras de Satanás y sus demonios. Pero aún más, Niurka consiguió que todos sus hijos la perdonaran por haberlos abandonado, por no haberlos criado y se ganó el respeto y la admiración de todos ellos. Niurka y su esposo Julio permanecieron juntos y felices por casi cuarenta años y predicando las palabras del evangelio hasta que mi hermana falleció hace sólo un año, a la edad de setenta y dos años. Yo estuve en el hospital un día antes de su muerte donde Niurka estaba postrada en una cama agonizando. Ella no podía hablar, pero sentí que me escuchaba cuando le hablé y que sintió cuando le agarré las manos y también pude notar que estaba reflejada en su rostro una serenidad, una tranquilidad y una paz interior que sólo pueden mostrar aquellas almas que antes de morir, están en paz con Dios, con sus semejantes y con ellos mismos.

¡Alabado sea Jehová! Colosenses 1:12-13 «Y con gozo, daréis gracias al Padre que nos hizo aptos para participar de la herencia de los santos. Él nos ha librado del poder de las tinieblas y nos ha trasladado al reino de su amado hijo».

EL CALVARIO DE MI PADRE

Mi padre era un hombre alto, delgado y atlético, de tez y piel oscura, un hombre que nació en el campo, que nunca fue a la escuela y lo poco que sabía de leer y escribir, lo aprendió de mi madre. Pero él era un hombre muy trabajador y logró conseguir un empleo en uno de los ingenios azucareros más importantes que existían en el país, Gulf Farm Western o Central Romana. Su trabajo consistía en conducir las máquinas y los vagones donde se transportaban las cañas de azúcar que, luego de ser cortadas en los cañaverales, las recogían, llenaban esos vagones con esas cañas y las llevaban a los molinos y a las refinerías del ingenio donde las procesaban y las transformaban en azúcar. Este era un trabajo duro y exigente que no tenía horario fijo y requería que los trabajadores estuvieran siempre disponibles a trabajar en cualquier día y a cualquier hora, de día o de noche, bajo lluvia, o bajo el sol. Por lo que mi padre pasaba la mayor parte de su tiempo haciendo este trabajo y apenas tenía tiempo para compartir con su familia. Yo conocí muy poco a mi padre, porque él falleció cuando yo tenía apenas doces años de edad, pero durante esos años que conviví con él, pude observar sus conductas y comportamientos. Mi padre tomaba alcohol todos los días hasta emborracharse y se fumaba dos o tres cajetillas de cigarrillos diario, pero a pesar de eso, nunca dio nuestra aparente de estar enfermo y como nunca faltaba a su trabajo, nosotros (su familia) nunca nos preocupamos por sus adicciones, ya que en esa época, tanto nosotros como la mayoría de la gente en esa comunidad, no conocíamos de alcoholismo, ni de los efectos dañinos y mortales que el consumo de alcohol y cigarrillos podían ocasionar en el hígado, los pulmones y demás órganos del cuerpo. Además, todos teníamos la equivocada creencia de que el borracho y el alcohólico era alguien que no trabajaba, que andaba siempre sucio, que hacía sus necesidades fisiológicas en las calles o que se quedaba dormido en el suelo de cualquier lugar público y como mi padre nunca mostró ese tipo de conductas, nosotros lo veíamos como algo normal. Pero en realidad mi padre era un hombre enfermo, adicto al alcohol y a los cigarrillos. Muchas veces yo vi a mi padre que llegaba borracho a la casa tarde, de noche y en las madrugadas y minutos después de que él se acostara, aparecía un mensajero que era enviado por el ingenio donde mi padre trabajaba para informarle que tenía que reportarse de inmediato al trabajo, y mi padre, borracho, cansado, dormido y con gran esfuerzos, se levantaba de la cama y trataba de vestirse para ir al trabajo, pero dado que la borrachera y el sueño que tenía no le permitían hacerlo, mi madre tenía que ayudarlo a vestirse y a colgarle en uno de sus hombros una lámpara llena de gas, negra, grande y pesada que él usaba como herramienta de su trabajo. Mi madre también tenía que sostenerlo y ayudarlo a caminar hasta el patio para que el aire fresco de las madrugadas lo reanimara antes de dirigirse al trabajo y como él no poseía modo de transportación alguna, tenía que caminar unas tres o cuatro millas para poder llegar al ingenio donde trabajaba. Yo era apenas un niño cuando todo esto ocurría y no entendía por qué mi padre se comportaba de esa manera ni por qué él tenía que irse a trabajar en esas condiciones, lo que me llenaba de angustia y tristeza, y con lágrimas en los ojos me levantaba de la cama y salía a la calle para ver a mi padre que, tambaleando por la borrachera y el sueño, caminaba como un *zombie* por esa calle larga, oscura y solitaria, cargando con él esa lámpara grande, negra y pesada que le colgaba del hombro y yo permanecía observándole, hasta que él se perdía en la oscuridad y en la distancia de esa larga calle.

Durante el tiempo que viví con mi padre, yo también notaba que él exhibía unos cambios de personalidad que me atormentaban y me confundían, ya que cuando él estaba sobrio parecía ser una persona distante, tímido, triste y deprimido, y su presencia en la casa apenas se sentía, hablaba poco, no tomaba decisiones en la casa, ni compartía con la familia y permanecía todo el tiempo solo y pensativo, sentado en una silla en el balcón de la casa o sentado en el patio, debajo de algún árbol. La única vez que se le escuchaba hablar era para pedirle a alguno de nosotros que fuéramos a la bodega a comprarle una botella de ron o una cajetilla de cigarrillos. Sin embargo, cuando tomaba y se emborrachaba, su conducta y su personalidad cambiaban, parecía ser el hombre más feliz sobre la faz de la tierra, hablaba y reía todo el tiempo, cantaba, bailaba, hacía chistes y contaba anécdotas, se reía y a los hijos e hijas pequeños, incluyéndome a mí, nos sentaba en sus piernas y nos abrazaba y jugaba con nosotros. A mi edad, esos cambios de conducta y de personalidad que yo observaba en mi padre siempre me intrigaron, pero como yo no tenía la capacidad para analizar ni entender esos comportamientos, terminaba siempre haciéndome a mí mismo estas preguntas: ¿Qué pasa con papá? ¿Por qué toma ron y se emborracha casi todos las días? ¿Por qué tiene que irse a trabajar borracho? ¿Por qué se comporta de una manera cuando no está borracho y de otra manera cuando está borracho? Pero, aunque me hacía todas estas preguntas, nunca encontré respuestas a estas preguntas, ya que jamás me atreví a hacérselas, ni a mi padre, ni a mi madre, ni a ningún otro miembro de la familia.

No obstante, años después, cuando yo era ya un adulto le hice esas preguntas primero a mi madre y ella me contestó que desconocía las razones de ese comportamiento de mi padre, porque él era un hombre reservado y casi nunca hablaba con ella de sus intimidades. Luego le hice estas mismas preguntas a uno de los hermanos mayores de mi madre, tío Trino, quién conocía muy bien a mi padre desde que ellos eran niños y quien también conocía el tipo de relación que mis padres sostuvieron después de estar casado. De acuerdo con la versión de tío, antes de mi padre casarse con mi madre él era un hombre alegre, sociable y ni siquiera tomaba alcohol ni fumaba cigarrillos. Sin embargo, y unos cuantos años después que ellos se casaron, mi padre lucía triste y comenzó a tomar alcohol y a fumar cigarrillos y de acuerdo a tío, la razón por este cambio de conducta de mi padre se debió a que, aunque él siempre supo que mi madre practicaba brujería, hechicería y espiritismo, mi padre nunca creyó en eso, por lo que él siempre le pedía a mi madre que abandonara esa práctica, pero ella nunca escuchó la petición de mi padre y continuó con la práctica de lo oculto, lo que de acuerdo a tío Trino, creó fricciones, desacuerdos y peleas entre ellos y provocó que mi padre se fuera distanciando de mi madre, hasta el punto de que ellos ya no tenían relaciones íntimas como pareja y sólo permanecían viviendo juntos en la casa por la responsabilidad que ambos tenían de terminar de criar a sus hijos e hijas menores. Esto también, de acuerdo con tío, convirtió a mi padre en una persona triste, solitaria e infeliz y comenzó a tomar alcohol y a fumar cigarrillos todos los días. Tío Trino además dijo que mi padre también comenzó a ausentarse de la casa cada vez que podía para evitar pleitos con mi madre y para no tener que ser testigo de actos y eventos de brujería, hechicería y espiritismo ejecutados por ella. Los excesos de mi padre con el consumo de alcohol y de fumar cigarrillos por tantos años, hizo que su vientre se hinchara y que tuviera seria dificultad al respirar. Por lo que lo llevamos al hospital, donde permaneció internado por varias semanas y los médicos determinaron que él tenía el hígado y los pulmones destrozados por el uso del alcohol y los cigarrillos y aunque ellos trataron de salvarle la vida, no pudieron, el daño estaba ya hecho. Mi padre murió muy joven, a la edad de sesenta años.

Años después de la muerte de mi padre y ya como adulto, me puse a reflexionar y a analizar las conductas y comportamientos de mi padre y basado en los relatos hechos por tío Trino sobre el tipo de relación que él sostuvo con mi madre; basado en mis propias observaciones de las conductas y comportamientos de mi padre; basado en los conocimientos que he adquirido con el estudio de la Biblia y basado en mis propias experiencias vividas al lado de mi familia de cómo Satanás y sus demonios actúan para confundir y engañar a las personas, he llegado a la conclusión de que mi padre no sólo fue víctima de esos mismos demonios que convivieron y que persiguieron siempre a mi madre, sino que también fueron esos mismos demonios los que empujaron a mi padre para que él cayera en el vicio del alcohol y de los cigarrillos, que luego le provocó la muerte a tan la temprana edad. Mi padre convivió y compartió su vida con mi madre por más de cuarenta años hasta su muerte y él, queriéndolo o no, también convivió y compartió con esos mismos demonios que atormentaron a mi madre durante toda su vida. Aunque mi padre nunca creyó ni participó de manera directa en esos actos y ritos demoniacos ejecutados por mi madre, eso no fue suficiente para él poder protegerse de los ataques ni de las posesiones de Satanás y los demonios que siempre cohabitaban con mi madre. Pero peor aún, mi padre tampoco llegó a arrepentirse de sus pecados, ni se entregó de lleno a Cristo, por lo que no pudo evitar que Satanás y sus demonios también lo persiguieran y lo poseyeran, aún sin él desearlo y sin él siquiera darse cuenta.

Pedro 5:8,9 «Sed sobrios, y velad; porque vuestro adversario, el diablo, como león rugiente, anda alrededor buscando a quién devorar. Resistidlo firmes en la fe, sabiendo que los mismos padecimientos se van cumpliendo en vuestros hermanos en todo el mundo».

ENCUENTRO TERRORÍFICO EN UN CAMPO OSCURO

La práctica del ocultismo y las historias de miedo y de terror que contaban a diario algunos adultos en nuestra comunidad, hicieron que muchas personas, incluyéndome a mí mismo, desarrolláramos un profundo temor a la noche y a la obscuridad y cada vez que alguien escuchaba de noche un ruido no común y extraño o algún sonido de un pájaro o de un animal, enseguida se le asociaba con algo maligno y sobrenatural. Una noche, cuando yo tenía unos doce o trece años, uno de mis hermanos mayores me invitó a ir a pescar con él a una de las costas más cercanas del mar caribe. Pero como para poder llegar a esa costa teníamos que caminar unas cinco o seis millas y había que atravesar un campo ancho, largo y oscuro, repleto de matorrales, nosotros preparamos dos mechones de gas para alumbrarnos en el camino. Salimos de la casa a eso de las nueve de la noche con la intención de llegar a la costa y amanecer pescando, ya que, a nuestro juicio, las horas de la madrugada eran el mejor momento para lograr una buena pesca. Una vez que llegamos al campo que había que atravesar para alcanzar la costa, cruzamos una empalizada de alambres de púas que cercaba el terreno, incendiamos uno de los mechones para alumbrarnos en el camino y empezamos a caminar. Después de andar durante un tiempo por aquel oscuro campo, llegamos a la costa sin ninguna dificultad y nos dedicamos a pescar, sin embargo, pasaron las horas y como los peces no mordían los anzuelos con las carnadas, a eso de la dos de la madrugada, yo ya me sentía desanimado y cansado de estar sentado sobre esas piedras duras y rocosas por tanto tiempo. Por lo que le pedí a mi hermano que regresáramos a la casa, pero como él se negó a dejar de pescar y a acompañarme a regresar a la casa, yo decidí hacerlo solo, me despedí de él, tomé uno de los mechones para alumbrarme en el camino y me dirigí al campo oscuro que tenía que atravesar para llegar a la carretera que me conduciría de regreso a casa. Una vez dentro de aquel campo oscuro, prendí el mechón y comencé a caminar, pero luego de caminar apenas unos cien metros, comencé a escuchar un ruido de algo que rozaba las ramas y hojas de aquellos matorrales densos y oscuros que estaban a un costado del camino. Un tanto preocupado alumbré con el mechón hacia la dirección de donde provenía ese ruido y como no podía ver nada, seguí caminando rápido, pero de repente, escuché también unos chillidos que salían de esos matorrales, por lo que aceleré el paso, pero a medida que avanzaba yo seguía escuchando ese ruido y esos chillidos y tuve la impresión de que algo o alguien me estaba persiguiendo. Asustado y nervioso continué acelerando el paso, tratando de distanciarme de ese lugar, pero a medida que avanzaba y aceleraba el paso, sentía y oía que el ruido y esos chillidos se intensificaban, se aceleraban y avanzaban al mismo ritmo que yo avanzaba. Desesperado, comencé a correr a toda velocidad con el mechón en las manos alumbrándome, pero a medida que corría y avanzaba, así mismo continuaba escuchando el ruido y los chillidos de aquello que me perseguía y que continuaba moviéndose y avanzando a la misma velocidad que yo me movía. Horrorizado, seguí corriendo como un loco, ya que yo estaba convencido de que lo que me perseguía tenía que ser alguna bruja o algún demonio que me estaba persiguiendo para agarrarme y hacerme daño. Después de casi una hora de estar corriendo a toda velocidad, sudado, cansado y lleno de miedo, logré llegar a la cerca de alambre de púas que separaba el campo de la carretera que me conduciría a casa, lo atravesé y llegué a la carretera, fue hasta ese momento cuando dejé de escuchar ese ruido y chillidos de eso que me estaba persiguiendo y sentí un gran alivio. Ya calmado y una vez en esa carretera, empecé a caminar de vuelta a casa y en el camino me encontré con un guardia de seguridad que estaba de puesto en los alrededores, por lo que me le acerqué y le dije lo que me había ocurrido en ese campo. Pero para mi sorpresa ese hombre, en tono burlón, comenzó a reírse a carcajadas, yo sorprendido y un poco molesto por la actitud de él, le pregunté: «¿Oiga, por qué se ríe usted de esa manera por algo tan serio y horroroso que me ha pasado?» El hombre paró de reírse, me miró al rostro y en un tono serio y amistoso me explicó: «Mire joven, no me estoy burlando de usted, lo que sucede es que lo que usted sentía que le perseguía no era ninguna bruja, ni ningún demonio, eso era una lechuza y ésta no lo perseguía a usted, sino que perseguía la luz que salía del mechón que usted llevaba para alumbrarse, ya que las lechuzas no tienen buena visión de noche y siguen por instinto los movimientos de luces y resplandores que se reflejan en la oscuridad» La explicación que me dio ese guardia de seguridad, fuera cierta o no, me tranquilizó y calmó mi miedo, ya que yo estaba convencido de que ese algo o ese alguien que yo pensaba que me perseguía era algo demoniaco y sobrenatural que corría detrás de mí para hacerme daño.

Salmo 32:7 «Tú eres mi refugio; tú me protegerás del peligro, y me rodearás con cánticos de liberación».

OCULTISMO, OTRAS PERSONAS

En la comunidad había una señora llamada India que vivía sola en una casa ubicada en la esquina de una de las calles del pueblo. Ella era una mujer misteriosa, extraña y callada, no tenía amigas ni amigos y nadie la visitaba. El patio de su casa era como una fortaleza, protegido y forrado con alambres de púas, con árboles densos, altos y tupidos, lo que no permitía que ni la casa ni el interior del patio se pudieran ver desde la calle y nadie se atrevía a entrar a ese patio sin su consentimiento. Algunos de los vecinos aseguraban que la India era una bruja y que muchas veces la veían de noche volando en una escoba por los alrededores del vecindario en busca de niños pequeños y recién nacidos para chuparles la sangre y sacarles las grasas de sus cuerpos para hacer brujería. Durante un tiempo, en la comunidad habían muerto y desaparecido algunos niños de formas extrañas y misteriosas, nunca se pudieron determinar las causas de esas muertes y desapariciones, ni se pudo jamás encontrar los cuerpos de esos niños desaparecidos. Por lo que algunos de los vecinos de la India y otras personas sospechaban que ella tenía algo que ver con esas muertes y esas desapariciones misteriosas de niños. Fueron al destacamento de policía y le comunicaron sus sospechas, pero como ellos no tenían ninguna prueba concreta contra la India, la policía nunca se molestó en investigar.

Un día, uno de los vecinos que vivía cerca de la India se levantó muy temprano por la mañana y se alarmó al notar un fuerte hedor que salía de la casa de ésta. Acto seguido, él informó a otros vecinos y se reunieron alrededor del exterior del patio de la India y la llamaron en alta voz, pero como ella nunca respondió, se dirigieron de nuevo al destacamento de la policía y les informaron de este hecho. Esta vez, la policía sí reaccionó y envió dos agentes, quienes acompañados por los vecinos se dirigieron a la casa de la India con la intención de averiguar lo que estaba ocurriendo. Una vez en el portón del patio de la casa, los agentes llamaron varias veces a la India, pero como la India nunca respondió, rompieron la cerradura del portón de madera, entraron al patio y tocaron con fuerza la puerta principal de la casa y como la India tampoco respondió ni abrió la puerta de su casa, los agentes la derribaron. Cuando se disponían a entrar a la casa, el hedor era tan fuerte que tuvieron que retroceder y buscar unos pedazos de trapos para cubrirse las bocas y las narices para poder entrar a la casa. Una vez que entraron, se dirigieron a la habitación principal de la casa y encontraron el cuerpo de la India tirado en una cama en estado avanzado de descomposición. Luego se dirigieron a un cuartito pequeño y discreto que había en la casa y descubrieron varios frascos y envases de vidrio conteniendo unos fluidos grasos y aceitosos. Esto llamó la atención de los vecinos de la India, quienes enseguida afirmaron que esos aceites y esas grasas provenían de los cuerpos de los niños que habían muerto y desaparecido en la comunidad. La noticia de estos hallazgos se esparció de inmediato por la comunidad y algunas personas, furiosas, intentaron incendiar la casa con el cuerpo de la India, por lo que la policía tuvo que intervenir para evitar que lo hicieran. Y aunque nunca se llegó a comprobar las procedencias de esos aceites ni de esas grasas encontrados en la casa de la India y a pesar de que han pasado ya más de cinco décadas después de este hecho haber ocurrido, esta historia de la India se sigue contando en la comunidad y la gente de este lugar aún sigue creyendo que la India era una bruja y que esos aceites y esas grasas encontrados en su casa fueron extraídos de los cuerpos de esos niños muertos y desaparecidos años atrás.

En la comunidad también vivía una señora llamada Prieta, una mujer con serias perturbaciones mentales que exhibía un comportamiento raro y extraño. Había siempre en su rostro una mirada triste y ausente y aunque tenía familia y una casa donde vivir, se la pasaba deambulando sola en las calles. Prieta andaba siempre descalza, vestía ropas sucias y maloliente y se sentaba todos los días en un mismo lugar, en un muro de concreto bajo que había en una de las calles principales de la comunidad, donde se la pasaba escupiendo y acumulando grandes charcos de saliva en el suelo. Una vez sentada en ese sitio, ella de repente se paraba y comenzaba a caminar rápido, pero de pronto se detenía, movía la cabeza de lado a lado y miraba a su alrededor como temerosa de algo o de alguien, como si algo o alguien la estuviera persiguiendo. Luego se sentaba de nuevo en el mismo lugar, de pronto se paraba y comenzaba a caminar rápido, después se detenía y caminaba despacio, daba una vuelta, miraba de nuevo a su alrededor, daba dos o tres pasos. después retrocedía y se sentaba de nuevo en el mismo lugar donde momentos antes había estado sentada, siempre escupiendo y llenando de saliva el piso de aquel lugar donde se sentaba. Otras veces hablaba y se le escuchaba peleando con alguien o con algún ser imaginario, diciendo y repitiendo estas mismas palabras: «Que no, que no, que me deje, que me deje. Te dije que no, que no, que no». Así se pasaba Prieta el día entero, repitiendo estos mismos movimientos, sentándose en el mismo sitio, parándose, caminando, deteniéndose, hablando y pronunciando las mismas palabras, escupiendo y dejando charcos de saliva en ese lugar donde siempre se sentaba.

Algunas de las personas de mayor edad que vivían en la comunidad y que conocían bien a Prieta desde que ella era niña, afirmaron que sus perturbaciones mentales se debían a que por muchos años ella había practicado la brujería, la hechicería y el espiritismo, los demonios la enloquecieron y no la dejaron nunca tranquila. Una tarde, una vecina que pasaba por el lugar donde siempre se sentaba Prieta, se sorprendió al verla quieta e inmóvil sentada en aquel muro de cemento y recostada en un árbol que había junto al muro, como si estuviera durmiendo. La señora, con cierta curiosidad, se le acercó y la llamó por su nombre, pero Prieta no respondió, ni se movió, luego la tocó por los hombros, la sacudió levemente y el cuerpo de Prieta se deslizó y cayó al suelo sobre un charco de sus propias salivas que ella misma había amontonado en ese lugar. Prieta estaba muerta.

¡Vida triste la de Prieta!, aunque tuvo familia, murió sola, desamparada y perseguida hasta el último día de su muerte por esos demonios a quienes ella les había rendido culto por muchos años. Levítico 20:27 «Y el hombre o mujer en quienes hubiere espíritu *phitónico* o de adivinación, han de ser muertos; los apedrearán con piedras y su sangre sobre ellos».

EL LUCERO DE LA FAMILIA

William, el mayor de mis hermanos, era un hombre noble, de temperamento calmado y compuesto, nada ni nadie lo alteraba y siempre estaba disponible para escuchar y aconsejar a los demás. Una vez, cuando él era un adolescente y mientras montaba una carreta de madera empujada por un caballo, William perdió el equilibrio y cayó debajo de una de las ruedas de la carreta, la cual le pasó por encima de su pierna derecha destrozándosela hasta la rodilla, por lo que hubo que amputársela. Después de este accidente, mi hermano se entregó a Cristo, se unió a una iglesia evangélica pentecostal y a través de los años se convirtió en un pastor misionero que recorría la Republica Dominicana estableciendo y desarrollando iglesias cristianas en distintas partes del país. Como resultado de la pérdida de parte de su pierna, William usaba una pierna artificial y un bastón de madera para poder apoyarse y caminar, por lo que cojeaba y torcía su cuerpo hacia el lado donde cargaba siempre consigo un bulto negro, grande, viejo y muy pesado, en el cual llevaba sus libros, ropas, corbatas y zapatos usados, las cuales eran las únicas pertenencias materiales que poseía, porque se las regalaban sus hermanos y hermanas de las iglesias donde él asistía. De modo que no era extraño verlo durante el día parado en alguna esquina de la calle del pueblo, sudado, agotado y tomándose un reposo, debido al gran esfuerzo que hacía al caminar dada su limitación física y por su manera de vestir con camisas de mangas largas, corbata y traje bajo un sol tan ardiente como el sol del caribe. Pero a pesar de su limitación física y a pesar de sus precariedades materiales, William vivía su vida como alguien que lo tenía todo, a quien nunca le faltaba nada y jamás se le escuchó quejarse ni lamentarse por nada. Lo que me recuerda al apóstol Pablo cuando dice en Filipenses 4:11-12: «No que hablo porque tenga escasez, pues he aprendido a contentarme cualquiera que sea mi situación. Sé vivir en pobreza y sé vivir en prosperidad; en todo y por todo he aprendido el secreto, tanto de estar saciado como de tener hambre, de tener abundancia, como de sufrir necesidad».

Recuerdo que nos pasábamos meses y a veces hasta un año sin oír ni saber nada de William, ya que la naturaleza de su ministerio como pastor misionero, requería que él se estuviera moviendo de un lugar a otro, estableciendo y levantando iglesias por todo el país, por lo que nunca permanecía mucho tiempo en un mismo lugar. No obstante, cuando él llegaba a visitarnos a la casa que yo compartía con mi madre y el resto de la familia, me alegraba muchísimo verlo y sentir su presencia en la casa, porque durante el tiempo que él permanecía con nosotros se la pasaba orando día y noche, predicando, cantando himnos cristianos y conduciendo cultos evangélicos en la casa, en el patio y en cualquier esquina de la comunidad donde vivíamos. La presencia espiritual y sagrada de William en la casa hacía que todas las manifestaciones de brujería y posesiones diabólicas practicadas por mi madre y mis hermanas cesaran por completo y se podía sentir en cada rincón de la misma, paz, tranquilidad y un ambiente bueno y positivo; lo que me hacía sentir seguro y protegido, tanto emocional como espiritualmente y me permitía descansar más y dormir mejor. William en verdad fue un verdadero hombre de Dios, un ser humano especial, noble, humilde y bueno, alguien que vivió su vida desde muy joven dedicado a servirle a Dios y a la humanidad. Mi hermano estaba tan comprometido con Cristo y con su ministerio, que se casó por primera vez a la edad avanzada de cincuenta y cinco años y tuvo su primer y única hija a los cincuenta y seis. William fue la luz y el líder espiritual de nuestra familia, alguien que con sus conductas y comportamientos representó los más altos valores humanos y cristianos, no sólo para mi familia y para mí, sino para la raza humana. No creo que exagero cuando digo que William fue un ángel enviado por Dios al mundo y a nuestra familia para iluminarnos y para cambiar el camino espiritual de todos nosotros «… porque cuando había oscuridad, trajo luz; cuando había indefensión, trajo protección y donde había miedo, trajo tranquilidad y fe». William murió hace casi diez años producto de un cáncer de próstata a la edad de ochenta años y no me cabe la menor duda que el Dios Altísimo lo recompensará por su obra en la resurrección de los justos.

¡Alabado sea Jehová! Juan 11:25-26 «Yo soy la resurrección y la vida. El que cree en mí, vivirá, aunque muera; y todo el que vive y cree en mí no morirá jamás».

EFECTOS DEL OCULTISMO Y SUPERACIÓN PERSONAL
(El Autor)

Las prácticas y actos horrorosos y diabólicos de brujería, hechicería y espiritismo que tuve que presenciar y vivir al lado de mi madre y algunas de mis hermanas, desde mi niñez hasta mi adolescencia, no sólo crearon en mí serios conflictos psicológicos, emocionales y espirituales, sino que también afectaron mi relación social y familiar con todas ellas. Yo vivía avergonzado y me sentía muy culpable por la práctica diabólica del ocultismo ejecutada por estos miembros de mi familia, por lo que nunca hablaba ni comentaba sobre este tema con ninguna persona fuera del entorno familiar, y no fue hasta más de cincuenta años después de que estos hechos habían ocurrido, que me atreví a escribir y a publicar este libro para poder revelar estas experiencias de horror y de miedo vividas y sufridas en carne propia desde tan temprana edad. Desde niño recuerdo que cuando yo estaba en la casa y veía o intuía que mi madre o alguna de mis hermanas iban a ser poseídas por algún demonio o se iba a ejercer algún acto diabólico en mi presencia, yo me marchaba de la casa y no regresaba hasta estar seguro de que estos eventos habían terminado. Lo mismo sucedía cuando estaba escuchando la radio o viendo la televisión, si oía a alguien hablando y comentando sobre algún tema relacionado con el ocultismo, yo de inmediato condenaba y reprendía esa acción y cambiaba la estación de radio o el canal de la televisión. Igual ocurría cuando estaba leyendo alguna revista o algún libro, si aparecía alguna mención sobre este tema, cerraba la revista o el libro y no volvía a leerlos jamás. Eso mismo pasaba cuando estaba en el cine viendo una película, si veía alguna escena relacionada con brujería, hechicería o espiritismo, yo salía de ese lugar y no volvía a ver esa película y mucho menos se la recomendaba a alguna otra persona para que la viera. Yo también rehuía el tener que dormir con mi madre o con algunas de mis hermanas de noche en una misma habitación, por temor a que en cualquier momento pudieran despertarme durante las noches o en las madrugadas y tener que presenciar algún acto de posesión diabólica de alguna de ellas, lo que casi siempre ocurría y que me provocaba mucha ansiedad, miedo y angustia. De igual manera, yo evitaba el tener que estar a solas con ellas en algún lugar solitario a cualquier hora del día o de la noche, porque si esto ocurría se adueñaba de mí una sensación de peligro y amenaza de que algo diabólico podía ocurrir en cualquier momento en mi presencia. Lo que me hacía revivir todas esas memorias, recuerdos y experiencias traumáticas y perturbadores de terror vividas al lado de todas ellas desde que era un niño hasta mis años de adolescencia.

Por otro lado, los conflictos psicológicos, emocionales y espirituales por los que estaba atravesando durante ese período de mi vida, se agravaron aún más, porque al mismo tiempo yo estaba también pasando por la etapa de la formación de mi propia identidad personal, donde me encontraba lidiando con todos esos cambios hormonales, emocionales y psicológicos típicos de la adolescencia, los cuales tuve que afrontar y superar yo solo sin la ayuda ni la guía de nadie. Con regularidad me deprimía muchísimo, me aislaba de los demás y permanecía largo tiempo solo, callado y pensativo y aunque siempre asistía a la escuela, aprobaba, pasaba todos los cursos y exámenes cada año, tenía que hacer un gran esfuerzo para concentrarme y poder lograrlo. También vivía en un estado de confusión, estaba lleno de sentimientos y emociones encontradas y tenía grandes dudas e inseguridades sobre el porvenir y, angustiado, me hacía siempre estas preguntas: ¿Quién soy yo? ¿Quién seré en la vida? ¿Cuál será mi futuro y el futuro de mi familia? Pero al no encontrar respuestas a mis preguntas, yo mismo trataba de contestármelas, por lo que, imaginariamente, me ponía a escribir en el aire con un dedo de la mano mis propias respuestas a mis propias preguntas. Algunas personas que me observaron haciendo esto decían que me estaba volviendo loco, sin embargo, hacer estos ejercicios mentales de escribir en el aire, eran para mí como una forma de terapia que de alguna manera me ayudaba a aliviar y a mitigar todas estas emociones, sentimientos y conflictos atormentadores que me embargaron durante esa etapa de mi vida. Algo que también contribuyó a mi superación personal durante mi adolescencia, fue el hecho de que, desde que tengo uso de razón, leía todo lo que me caía a la mano, leía mucho la Biblia, revistas, periódicos, novelas y cuentos. Además cantaba, bailaba y escuchaba música y como estas actividades, al igual que la lectura, requieren de concentración, yo me refugiaba y me sumergía en ellas, lo que me permitía olvidarme y escaparme, aunque fuera por momentos, de todos los conflictos, traumas y emociones abrumadoras por los que estaba atravesando.

El vivir cerca de las costas del mar caribe, sus playas y cerca de los bosques y campos de mi país, fue algo que también contribuyó a que pudiera superar mi estado psicológico, emocional y espiritual, ya que tenía libre acceso a estos lugares y me pasaba noches enteras en esas costas frente al mar, pescando, meditando, hablando conmigo mismo, pensando en voz alta, contemplando ese lindo cielo con su luna, lleno de estrellas brillantes y soñando e imaginando un mejor futuro para mí y para mi familia. De igual manera, me pasaba días enteros en esas lindas y amplias playas dominicanas, acostado en las arenas blancas tomando el sol, caminando en las orillas de estas playas, nadando, oliendo y respirando el aire limpio, la brisa fresca, lo que provenía del mar y de esas playas; contemplando ese cielo azul y esas aguas que por momentos parecían ser de color azul y otras veces de color verde con espumas blancas. Asimismo, me pasaba días enteros en los campos y en los bosques, cazando aves, escuchando el sonido y cantos de los pájaros, observando los diferentes colores y tonalidades de los árboles y las flores, comiendo frutas y vegetales que crecían libres y salvajes en estos lugares y disfrutando de esa paz, de esa tranquilidad que ofrecían esos bosques y esos campos. Yo, por demás, jugaba béisbol y practicaba los deportes de boxeo y natación y todas estas actividades físicas y mentales que yo desarrollaba, junto con el contacto directo que tenía con la naturaleza, me sirvieron de refugio y de terapia, contribuyendo a que yo pudiera superar todos esos conflictos y problemas típicos de mi adolescencia, a controlar mi estado emocional, espiritual, a suavizar y moldear mi temperamento, mi carácter y a formar mi propia identidad y personalidad.

Algo que también contribuyó en mi superación personal, aunque parezca contradictorio, fue el hecho de haber vivido y haber observado todos esos actos y ritos demoniacos de brujería, hechicería y espiritismo ejecutadas por algunos miembros de mi familia en mi presencia, ya que estas experiencias hicieron que yo tuviera un mejor entendimiento de cómo Satanás y sus demonios operan, de las estrategias que ellos usan para engañar y atrapar a sus víctimas y del daño que le pueden ocasionar a las personas que se asocian con ellos. Esto hizo por demás que aprendiera a intuir, reconocer distinguir y diferenciar cuando las cosas provienen de Satanás o cuando provienen de Dios, para poder protegerme y defenderme mejor de los ataques de este maligno, para poder advertir a otras personas y poder evitar que ellos también caigan en sus garras. Escribir este libro fue otra de las cosas que contribuyeron en gran manera a mi superación personal, con esta escritura tuve que revivir, confrontar y echar afuera todas esas experiencias y recuerdos traumáticos y dolorosos que permanecieron enterrados muy profundo en mi mente y en mi corazón por más de cincuenta años, todo eso lo afronté en cada palabra y línea que escribía. Esto ayudó también a que yo pudiera, de una vez por todas, cerrar ese período tormentoso de mi vida y poder liberarme de ese sentimiento de culpa, de vergüenza y de ese secreto de familia que venía cargando y arrastrando conmigo por tantos años. Mi formación académica y profesional jugaron también un papel muy importante en mi superación personal para poder vencer mi estado, ya que como sociólogo de profesión, tuve la oportunidad de leer y de estudiar sobre el comportamiento social y las conductas mentales y emocionales de las personas, lo que permitió que yo pudiera entender y reconocer mis propios problemas psicológicos, emocionales y espirituales por los que estaba atravesando, a la misma vez, el poder lidiar con ellos.

Sin embargo, las claves para mi superación y transformación psicológica, emocional y espiritual, sin lugar a duda, han sido: el estudio y escudriñamiento de la Biblia, mis oraciones constantes de fe que tengo todos los días con Dios, las oraciones que siempre recibo de amigos y familiares, el escuchar y ver a los pastores y evangelistas cristianos predicando el evangelio en las iglesias, en las redes sociales, en la radio y la televisión. Aunque yo no soy una persona dogmática, ni una persona religiosa que va a las iglesias cristianas con regularidad, sí soy un creyente en Jesús Cristo y mantengo una comunicación y una relación directa con Jehová Dios todos los días de mi vida.

¡Para honra y gracias de Él! Efesios 6:10-18 «Por último, fortalézcanse con el gran poder del Señor. Pónganse toda la armadura de Dios para que puedan hacer frente a las artimañas del diablo, porque nuestra lucha no es contra seres humanos, sino contra poderes, contra autoridades, contra potestades que dominan este mundo de tinieblas, contra fuerzas espirituales malignas en las regiones celestiales. Por lo tanto, pónganse toda la armadura de Dios, para que cuando llegue el día malo, puedan resistir hasta el fin con firmeza. Manténganse firmes, ceñidos con el cinturón de la verdad, protegidos por la coraza de justicia y calzados con la disposición de proclamar el evangelio de la paz. Además de todo esto, tomen el escudo de la fe, con el cual pueden apagar todas las flechas encendidas del maligno. Tomen el casco de la salvación y la espada del espíritu, que es la palabra de Dios. Oren en el espíritu en todo momento, con peticiones y ruegos. Manténganse alerta y perseveren en oración por todos los santos». ¡Amén!

CONCLUSIÓN

Las historias, experiencias y anécdotas reales de brujería, hechicería y espiritismo contadas en este libro y los daños y traumas que estas prácticas diabólicas causaron a todas las personas que de manera directa o indirecta participamos en estos hechos, es importante que se conozcan para que la gente entienda que nada positivo se puede lograr con la práctica del ocultismo. Estas experiencias también pueden servir de advertencia para todas aquellas personas que en estos mismos momentos están practicando el ocultismo, para que entiendan que lo mismo que me ocurrió a mí, a algunos miembros de mi familia y a otras personas, también puede ocurrirle a ellos mismos y a sus propias familias si no se alejan de Satanás y sus demonios, si no se arrepienten de sus pecados y si no se entregan a Cristo antes que sea demasiado tarde. Asimismo, estas experiencias pueden ser usadas para educar y mandarle un mensaje a todas aquellas personas que no creen en la existencia de Satanás y sus demonios o que creen que Satanás es un juego, una invención o una imaginación, entiendan que estas entidades y seres sobrenaturales son reales y tienen el poder para confundir, separar y destruir a las personas que les rinden cultos y a sus propias familias por generaciones. De igual manera, estas experiencias reales pueden ser usadas para mostrarle a la gente las estrategias y trucos que Satanás y sus demonios usan para atraer, capturar y hacer que la gente caiga en sus trampas y de esa manera evitar ser víctimas de esos malignos. Finalmente, estas historias, experiencias y anécdotas reales de brujería, hechicería y espiritismo, pueden ser utilizadas para mandarle un mensaje y una advertencia a todas las personas que practican el ocultismo, para que comprendan que al hacerlo, no sólo están firmando un pacto de muerte espiritual con Satanás y sus demonios, sino que también los están invitando a entrar, a controlar y a dañar sus propias vidas y las vidas de sus familias y seres queridos que les rodean. Pero peor aún, con esta acción ofenden a Dios y a la misma vez se están separando de todas sus gracias, de todas sus misericordias y de todas sus glorias.

¡Amén! Levítico 20:6 «En cuanto a la persona que vaya a los médiums o a los espiritistas, para prostituirse en pos de ellos, también pondré mi rostro contra esa persona y la cortaré de entre su pueblo».

COMENTARIOS PERSONALES DEL AUTOR SOBRE EL LIBRO

La escritura de éste, mi primer libro, fue una tarea muy difícil y angustiosa para mí, no sólo por la rigurosa disciplina y el gran esfuerzo físico y mental que requirió el acto solitario y muchas veces agobiante de tener que sentarme a escribir horas tras horas por largos periodos de tiempo, sino porque durante el proceso de escribirlo tuve que confrontar y revivir todos estos recuerdos y memorias traumáticas de imágenes, escenas, ritos, actos de brujería, hechicería y espiritismo que yo presencié durante mi niñez y mi adolescencia, las cuales dejaron en mí huellas imborrables. El tener que mencionar la participación de algunos miembros de mi familia en esos actos tan horrendos, diabólicos y vergonzosos y el tener que revelar ese secreto de ocultismo de la familia que yo tenía muy bien guardado por más de cincuenta años, fue también algo muy doloroso para mí, porque tocaron fibras muy íntimas y sensibles de mi vida y de las vidas de algunos miembros de mi familia. Además, durante el proceso de escribir este libro tuve grandes dudas, vacilaciones, temores y muchas angustias, porque al revivir todos esos recuerdos y memorias demoniacas, sentía que me estaba exponiendo a llamar y a atraer a estos demonios a mi vida, a mi casa y a mi familia. Por lo que muchas veces tuve que parar de escribir para orar con devoción, leer la Biblia y pedirle a Dios que me protegiera y me diera la fuerza espiritual para proseguir con la escritura de este libro, si ésa era su voluntad. De igual manera, tuve que buscar la ayuda de mi amigo y pastor cristiano, Dr. José Matamoros quién leyó el primer borrador del libro y me hizo algunas observaciones sobre el mismo. Él también me dio sabios consejos espirituales, los cuales fueron muy valiosos para yo poder escribir este libro.

Por otro lado, encontrar y entrevistar a algunos miembros de mi familia para obtener más información y sus consentimientos para poder escribir este libro, fue también algo difícil para mí, porque después de tantos años de que estas prácticas de brujería hechicería y espiritismo ocurrieron, la mayoría de los miembros de mi familia ya han fallecido y de los que aún viven, unos residen en los Estados Unidos, donde yo resido, y otros aún viven en la Republica Dominicana. Por lo que entrevisté primero a los miembros de mi familia que residen en los Estados Unidos y luego tuve que hacer varios viajes a la Republica Dominicana para entrevistar a los otros que viven allá. Sin embargo, durante estas entrevistas, algunos de ellos se oponían a que yo escribiera este libro alegando que las prácticas del ocultismo por algunos miembros de nuestra familia era un secreto familiar muy bien guardado por muchos años y que revelarlo en este libro era como traicionar las memorias de aquellos miembros de la familia ya fallecidos y algo muy vergonzoso para el resto de la familia que aún vive. Por esto es que tuve que explicarles que escribir este libro y revelar ese secreto familiar era precisamente lo que todos necesitamos para poder liberarnos de ese secreto de familia y de ese sentimiento de culpa y de vergüenza que todos habíamos estado cargando por tantos años. Después de escuchar mi razonamiento todos me dieron su consentimiento para escribir este libro, no obstante, pusieron como condicion que no revelara en el libro los nombres reales de los miembros de la familia que participaron en actos de brujería, hechicería y espiritismo, ni los nombres de los familiares que aún viven. Yo acepté esas condiciones, pero acto seguido les advertí que bajo ninguna circunstancia iba a cambiar o alterar las realidades de los actos, eventos y manifestaciones de brujería, hechicería y espiritismo, tal y como ocurrieron, como tampoco iba a cambiar ni a alterar mis memorias y recuerdos de la manera como los sentí y como los viví en los momentos que ocurrieron los hechos. Al final, todos nos pusimos de acuerdo y aquí está este libro, esperando que sirva de alguna ayuda para todo aquel que lo lea.

Gracias.

GLOSARIO

Bacá: Una criatura animal o artificial demoniaca creada a través de la brujería.

Brebaje: Bebida con propiedades mágicas y curativas.

Bruja (o): Una persona que practica la brujería.

Brujería: Conjunto de las prácticas mágicas y supersticiosas que desarrollan las brujas y brujos.

Chamán: Hechicero al que se supone dotado de poderes mágicos y que ejerce como jefe espiritual.

Conjuro: Fórmula mágica para alejar a los malos espíritus o atraer a los buenos espíritus.

Curandero (a): Persona que se dedica a curar sin haber realizado estudios de medicina y, por lo general, usando métodos poco ortodoxos.

Deidad: Ser al que se le atribuyen poderes sobrenaturales.

Divinidad: Esencia o naturaleza propia de Dios o de los dioses.

Encantamiento: Efecto producido en una persona o cosa por medio de la magia.

Ensalmo: Modo de curar con prácticas supersticiosas, oraciones y con la aplicación de remedios medicinales naturales.

Espiritismo: Una doctrina o práctica que sostiene que es posible entablar una comunicación con el espíritu de un muerto a través de un médium o de otro modo.

Exorcismo: Conjunto de fórmulas y de ritos que se practican para expulsar un espíritu maligno del cuerpo de una persona o de un lugar.

Hechicera (o): Una persona que practica la hechicería.

Hechicería: Práctica de la magia con la que se pretende sanar o dominar y controlar las fuerzas de la naturaleza y los poderes sobrenaturales.

Hechizo: Práctica mágica de influencia maléfica y control sobre el hechizado.

Lo oculto: El conocimiento de lo paranormal.

Magia: El arte oculto con que se pretende producir resultados contrarios a las leyes naturales.

Maleficio: Hechizo empleado para causar un mal o daño.

Maligno: Que causa o produce un daño o un perjuicio.

Medium: Una persona que se atribuye facultades paranormales que le permiten actuar como mediadora en fenómenos parapsicológicos.

Ocultismo: El estudio de diversos conocimientos y prácticas misteriosas de carácter dogmático, como la magia, la alquimia, la adivinación, etc.

Posesión: Fuerzas espirituales malignas y externas que se apoderan del alma y la voluntad de una persona.

Presagio: Acción de anunciar un hecho futuro a partir de la interpretación de ciertos indicios o por simple intuición.

Sortilegio: Acción de someter la voluntad de alguien o de modificar el destino mediante el uso de brebajes, remedios mágicos, formulas y acciones de hechicería, etc.

Trance: El estado en que se manifiestan los fenómenos paranormales.

Velatorio: Lugar utilizado para exhibir el cuerpo de una persona muerta ante los deudos.

Velorio: Periodo durante el cual el cuerpo de una persona muerta se exhibe en el féretro para que los más allegados al difunto le presenten sus respetos antes de que éste sea enterrado o cremado.

www.ingramcontent.com/pod-product-compliance
Lightning Source LLC
LaVergne TN
LVHW091605060526
838200LV00036B/999